Thoughts on

A Commentary on the Siddur

Heshey Zelcer

August 2020

A publication of
Hakirah Press
www.Hakirah.org

Thoughts on Our Daily Prayers

A Commentary on the Siddur

Divrei Torah discussions following Zoom *Shaḥarit* at
Regency Congregation Torah Center
Lawrence, NY
March 13, 2020 – June 26, 2020
during the corona pandemic

Heshey Zelcer

Dedicated to the beloved members of the
Regency Congregation Torah Center
who passed away during these most difficult months…

Saul Rosenberg
Gabbai Par Excellence
ר' שאול בן ר' יואל זיסמן זצ"ל
נפטר ז' תמוז תש"ף
June 29, 2020

and to…

Hirsh Colton
ר' צבי בן ר' יעקב אריה ז"ל
נפטר ח' ניסן תש"ף
April 2, 2020

Judith Feldman
מרת יהודית בת ר' ברוך ע"ה
נפטרה כ"ז ניסן תש"ף
April 21, 2020

Isidore (Izzy) Mehl
ר' יצחק בן ר' שמואל הלוי ז"ל
נפטר כ"ט ניסן תש"ף
April 23, 2020

Frances Mehl
מרת פרומה ביילה בת ר' שלמה זלמן ע"ה
נפטרה ד' סיון תש"ף
May 27, 2020

…who are so sorely missed.
May their memories be a blessing — יהא זכרם ברוך

Acknowledgment

The Regency Congregation Torah Center is a house of prayer and Torah serving the spiritual needs of the Regency Residence at Lawrence and the surrounding community.

With the outbreak of Covid-19 and the suspension of our thrice-daily *minyanim* a group from *The Regency Congregation Torah Center, davened Shaḥarit* together on Zoom. Although we could not recite *Kaddish, Kedushah* or *Barekhu*, the act of *davening* 'together' enhanced our *tefillot* and helped maintain a sense of friendship and community. For these precious gifts and for helping maintain a sense of normalcy during some of the worst days of the pandemic, *Hashem ye-raḥem,* I thank my co-*daveners.*

Following *Shaḥarit,* we shared a short *d'var Torah*—usually on a segment of the *Siddur*—which often led to a more extended discussion. The *divrei Torah* you find here—organized around the daily cycle of prayer—reflect these discussions, although they are not a transcription, nor are they arranged in the order originally presented.

We hope the *divrei Torah* will enhance your *davening*. For those who joined us during those days of dread we hope they serve as a reminder of the quality moments we shared. May the pandemic quickly fade into history and may all those who were infected have a *refuah sheleimah*, a quick and complete recovery.

It is a great pleasure to acknowledge the kindness and help provided to my dear wife Temy and me during the pandemic by our precious and caring children Meir and Dahlia Zelcer, Esty and Yehuda Herskowitz, Shloimy and Aliza Zelcer, and Malky Zelcer. You and your children—our grandchildren—bring us much love, joy and hope.

I thank my dear friend Asher Benzion Buchman, Editor of *Ḥakirah*, for our long-term professional and pleasurable working relationship at *Ḥakirah*, and for his enthusiastic encouragement of this project. I thank also the superb Editorial Board of *Ḥakirah*: Sheldon Epstein, Yehoshua Grossman, David Guttman and Eliyahu Krakowski. It has been a pleasure working with all of you throughout the years in publishing twenty-eight volumes of interesting, well-researched and scholarly articles on Jewish law and thought. Shlomo Sprecher, *z"l* we miss you on our Editorial Board—your knowledge vast and deep, your personality kind and self-effacing. May your light continue to illuminate our path. May your memory bring comfort to your family and friends.

My dear son Shloimy developed some of the ideas presented in this book and offered invaluable feedback and advice. Shloimy, may you continue to excel in the Torah you learn, observe and teach. May the *naḥat* you and Aliza receive from your children reflect the *naḥat* you have always bestowed upon your parents.

Special thanks to my dear and longtime friend Aaron Sonnenschein for reviewing this work, correcting errors, and offering insightful suggestions. Special thanks also to Judith Tiger and Nina Ackerman Indig for proofreading the text, making corrections, and suggesting enhancements. In any case, all errors in this work are mine alone.

I would like to acknowledge the dear members of our *Regency Congregation Torah Center* who passed away during the past few months, although not necessarily from Covid-19: Saul Rosenberg, *Gabbai Par Excellence*, Hirsh Colton, Judith Feldman, Izzy Mehl and his dear wife, Frances Mehl. We mourn their loss, and sorely miss them.

On a more personal note, I would like to honor the memories of my dear father-in-law, Abraham Solomon, and my dear brother-in-law, Yosef Bornstein, who fell victim to Covid-19 during the same period. May our families and friends be comforted along with all those who mourn for Zion and Jerusalem, and may their precious memories always be a blessing.

Introduction

The destruction of the Second Temple in 70 CE brought with it the end of a centralized mode of worship. For the Jewish people there was no longer a Temple with priests to serve as their proxy in the daily worship of Hashem. Gone was the glorious Temple and gone too were the daily sacrifices through which Jewish people throughout the world participated vicariously with their yearly half-shekel contribution.

In the absence of a representative worship centered around the Temple, a different type of worship evolved, centered around individuals praying in communities of ten or more men. The *Siddur* text embodies our prayers and continues to evolve. Jews throughout the world use it to express their acceptance of Hashem as their God, and to give voice to their pain and thanksgiving, their fear and their longing, their hope for better days to come.

Two segments of our prayers are central to our daily worship. The first, our twice-daily-recited *Kriat Shema* and its *berakhot,* expresses our *kabbalat ol malkhut Shamayim*, our accepting the yoke of Heaven. The second, the thrice-daily *Shemoneh Esreh,* is patterned after the *Korban Tamid*, the daily sacrifices of the Temple. With the *Shemoneh Esreh* we praise Hashem and petition Him for our daily needs. Appended to these two components are various prayers and praises of God collected from Tanakh (mostly Psalms), as well as from other sources which were formulated by our great sages and poets throughout the past two millennia.

The *divrei Torah* you find here address different parts of *davening* and are arranged to follow our cycle of prayer. For each, an introduction is provided, a question is raised, an answer is proposed, and a takeaway idea—whether moral, ethical or religious—is suggested.

We remind the reader that while the questions raised are always truthful, the answers may be mere conjecture. Footnotes provide the readers with the original rabbinic Hebrew sources allowing the reader to delve deeper into the subjects discussed and to experience the rhythm and nuance of the original sources.

Sometimes a *d'var Torah* is a summary of a much longer article originally published in *Ḥakirah.* The interested reader may access the original article at www.Hakirah.org.

The questions and answers presented are not necessarily novel ideas. We have tried to ascribe the questions posed and the answers provided to those who originally formulated them. When a question or an answer is presented anonymously it is not necessarily an original idea. The mind is weak, and while the concept was remembered, the source and its author may have been forgotten. I beg forgiveness from the reader for these lapses.

As a young adult I purchased a copy of *Barukh She-Amar: Tefillot Ha-Shanah* by R. Barukh ha-Levi Epstein, *HY"D* (1860–1941), who is also the author of the very popular *Torah Temimah* commentary on *Ḥumash.* Throughout my years of adulthood, *Barukh She-Amar* has been for me a primary source for insights into the *Siddur*; a mainstay that has helped enhance my prayers. I have never found a commentary on the *Siddur* which surpasses it in its scope of questions, the originality of its answers, and the lucidity of its rabbinic Hebrew. Many of the questions raised in our *divrei Torah* were taken from *Barukh She-Amar.* Often, we evaluate his answers and propose alternate solutions. In a sense, this work is a supercommentary on *Barukh She-Amar.* I strongly recommend to anyone who wishes to delve deeper into the beauty of our *Siddur* to acquire a copy of *Barukh She-Amar: Tefillot Ha-Shanah.*

We reference a wide range of sources in the ideas we present, but in our halakhic background (especially in our discussions of *Kaddish*) we tend to emphasize the words of *Arukh Ha-Shulḥan*—compiled by R. Yeḥiel Mikhel Epstein, the father of *Barukh She-Amar*—as he provides not only the bottom-line halakhah but also its background and justification.

Lastly, although we offer insights which suggest the proper wording of prayers, or which have other halakhic ramifications, this work is not a source for *halakhah.* Rather, our goal is to enrich the reader's experience of *davening* and to stimulate further research and thought.

May our *tefillot* be accepted and may each of us be *zokheh* to actualize the yearnings of our heart.

July 10, 2020
Lawrence, NY

תוכן עניינים

שחרית

ברכות התורה

In the morning, after reciting the blessings on the Torah we say the following:

וַיְדַבֵּר יי אֶל מֹשֶׁה לֵּאמֹר. דַּבֵּר אֶל אַהֲרֹן וְאֶל בָּנָיו לֵאמֹר כֹּה תְבָרְכוּ אֶת בְּנֵי יִשְׂרָאֵל אָמוֹר לָהֶם. יְבָרֶכְךָ יי וְיִשְׁמְרֶךָ. יָאֵר יי פָּנָיו אֵלֶיךָ וִיחֻנֶּךָּ. יִשָּׂא יי פָּנָיו אֵלֶיךָ וְיָשֵׂם לְךָ שָׁלוֹם. וְשָׂמוּ אֶת שְׁמִי עַל בְּנֵי יִשְׂרָאֵל וַאֲנִי אֲבָרְכֵם. (במדבר ו:כב-כז)

אֵלּוּ דְבָרִים שֶׁאֵין לָהֶם שִׁעוּר: הַפֵּאָה, וְהַבִּכּוּרִים, וְהָרֵאָיוֹן, וּגְמִילוּת חֲסָדִים, וְתַלְמוּד תּוֹרָה (משנה פאה פרק א, הלכה א).

אֵלּוּ דְבָרִים שֶׁאָדָם אוֹכֵל פֵּרוֹתֵיהֶם בָּעוֹלָם הַזֶּה וְהַקֶּרֶן קַיֶּמֶת לוֹ לָעוֹלָם הַבָּא: וְאֵלּוּ הֵן: כִּבּוּד אָב וָאֵם, וּגְמִילוּת חֲסָדִים, וְהַשְׁכָּמַת בֵּית הַמִּדְרָשׁ שַׁחֲרִית וְעַרְבִית, וְהַכְנָסַת אוֹרְחִים, וּבִקּוּר חוֹלִים, וְהַכְנָסַת כַּלָּה, וּלְוָיַת הַמֵּת, וְעִיּוּן תְּפִלָּה, וַהֲבָאַת שָׁלוֹם בֵּין אָדָם לַחֲבֵרוֹ וּבֵין אִישׁ לְאִשְׁתּוֹ וְתַלְמוּד תּוֹרָה כְּנֶגֶד כֻּלָּם.

Q. Why do we say the above paragraphs after reciting the Torah blessings?

A. The first paragraph above is from *Ḥumash*. The second is from *Mishnah Peah*. The third paragraph is an expansion of the latter part of *Mishnah Peah* 1:1[1] as paraphrased from *Shabbat* 127a[2] and Rif.[3] We say these three paragraphs so that after reciting the Torah blessings we actually learn *Mikra, Mishnah* and *Talmud*.[4]

---

1 אלו דברים שאדם אוכל פרותיהן בעולם הזה והקרן קימת לו לעולם הבא כבוד אב ואם וגמילת חסדים והבאת שלום בין אדם לחבירו ותלמוד תורה כנגד כלם (משנה פאה פרק א, סוף הלכה א).

2 תנן אלו דברים שאדם עושה אותם ואוכל פירותיהן בעולם הזה והקרן קיימת לו לעולם הבא ואלו הן כיבוד אב ואם וגמילות חסדים והבאת שלום שבין אדם לחבירו ות"ת כנגד כולם (שבת קכז עמוד א).

3 אמר רב יהודה בר שילא אמר רב אסי אמר רבי יוחנן ו' דברים כשאדם עושה אותם אוכל פירותיהן בעולם הזה והקרן קיימת לו לעולם הבא אלו הן הכנסת אורחין ובקור חולים ועיון תפלה והשכמת בית המדרש והמגדל בניו לתלמוד תורה והדן את חבירו לכף זכות (ריף, שבת, פרק שמונה עשר, הלכה א).

4 וטעמא נראה לי כדי שילמוד על ברכת התורה מקרא משנה ותלמוד, שיש אומרים שהשלש ברכות של ברכת התורה עליהם נתקנו (סדור צלותא דאברהם, ויעש אברהם, יד).

שחרית

ברכות התורה (המשך)

Takeaway. The Gemara (*Kiddushin* 40b) tells us that learning Torah is greater than action [i.e., performing good deeds, mitzvot] because learning Torah leads to action.[5] This statement is a paradox. While the Gemara is saying that learning Torah is the highest ideal, it is simultaneously saying that it is the highest ideal only because it causes us to perform other ideals.

This same paradox is expressed as we begin our daily prayers. We recite the Torah blessings and we make sure to learn *Mikra, Mishnah* and *Talmud*, which concludes by reinforcing, **ותלמוד תורה כנגד כלם**, the study of Torah is equivalent to them all. But what do these representative statements of *Mikra, Mishnah* and *Talmud* teach us? Kohanim should bless the people; farmers should leave the corner of their field for the poor; we must respect our parents and do acts of kindness. Learning is the highest ideal, but our actions, the mitzvot we perform, earn us rewards in this world, and everlasting merit in the World to Come. ☙

5 וכבר היה רבי טרפון וזקנים מסובין בעלית בית נתזה בלוד נשאלה שאילה זו בפניהם תלמוד גדול או מעשה גדול נענה רבי טרפון ואמר מעשה גדול נענה ר"ע ואמר תלמוד גדול נענו כולם ואמרו תלמוד גדול שהתלמוד מביא לידי מעשה (קדושין מ עמוד ב).

שחרית

לְעוֹלָם יְהֵא אָדָם יְרֵא שָׁמַיִם בַּסֵּתֶר וּבַגָּלוּי

לְעוֹלָם יְהֵא אָדָם יְרֵא שָׁמַיִם בַּסֵּתֶר וּבַגָּלוּי וּמוֹדֶה עַל הָאֱמֶת וְדוֹבֵר אֱמֶת בִּלְבָבוֹ וְיַשְׁכֵּם וְיֹאמַר: רִבּוֹן כָּל הָעוֹלָמִים וַאֲדוֹנֵי הָאֲדוֹנִים לֹא עַל צִדְקוֹתֵינוּ אֲנַחְנוּ מַפִּילִים תַּחֲנוּנֵינוּ לְפָנֶיךָ כִּי עַל רַחֲמֶיךָ הָרַבִּים מָה אָנוּ מֶה חַיֵּינוּ מֶה חַסְדֵּנוּ מַה צִּדְקוֹתֵינוּ מַה יְּשׁוּעָתֵנוּ מַה כֹּחֵנוּ מַה גְּבוּרָתֵנוּ מַה נֹּאמַר לְפָנֶיךָ יי אֱלֹהֵינוּ וֵאלֹהֵי אֲבוֹתֵינוּ הֲלֹא כָּל הַגִּבּוֹרִים כְּאַיִן לְפָנֶיךָ וְאַנְשֵׁי הַשֵּׁם כְּלֹא הָיוּ וַחֲכָמִים כִּבְלִי מַדָּע וּנְבוֹנִים כִּבְלִי הַשְׂכֵּל כִּי רוֹב מַעֲשֵׂיהֶם תֹּהוּ וִימֵי חַיֵּיהֶם הֶבֶל לְפָנֶיךָ וּמוֹתַר הָאָדָם מִן הַבְּהֵמָה אָיִן כִּי הַכֹּל הָבֶל: לְבַד הַנְּשָׁמָה הַטְּהוֹרָה שֶׁהִיא עֲתִידָה לִתֵּן דִּין וְחֶשְׁבּוֹן לִפְנֵי כִּסֵּא כְבוֹדֶךָ וְכָל הַגּוֹיִם כְּאַיִן נֶגְדֶּךָ שֶׁנֶּאֱמַר הֵן גּוֹיִם כְּמַר מִדְּלִי וּכְשַׁחַק מֹאזְנַיִם נֶחְשָׁבוּ הֵן אִיִּים כַּדַּק יִטּוֹל:

The bolded text translates: "A person should always be God-fearing privately and publicly…" This appears to be an exhortation that we should not act hypocritically. We should be God-fearing not only publicly, where people see us, but also in the confines of our home.

There is, however, another version of this prayer (see below) found in a *Siddur* following the custom of the Jewish people in Rome:

לעולם יהא אדם ירא שמים בסתר ומודה על האמת ודובר אמת בלבבו...

A person should always be God-fearing privately...

JTS Ms. 8224 (1487)

שחרית

לְעוֹלָם יְהֵא אָדָם יְרֵא שָׁמַיִם בַּסֵּתֶר וּבַגָּלוּי (המשך)

Reading this sentence without the word ובגלוי, publicly, gives a very different impression: people should always exhibit their fear of God privately.

Takeaway. People should not flaunt their piousness. *Ḥazal* denigrate the exaggerated exhibition of piousness as יוהרא, showing off. True piousness is evident in our actions toward others and in the way we relate to God in the privacy of our mind and heart. ☙

שחרית

וּמוֹתַר הָאָדָם מִן הַבְּהֵמָה אָיִן כִּי הַכֹּל הָבֶל

מה ישועתנו, מה כחנו, מה גבורתנו, מה נאמר לפניך, יי אלהינו ואלהי אבותינו, הלא כל הגבורים כאין לפניך, ואנשי השם כלא היו, וחכמים כבלי מדע, ונבונים כבלי השכל, כי רוב מעשיהם תהו, וימי חייהם הבל לפניך, **ומותר האדם מן הבהמה אין, כי הכל הבל.** (קהלת ג:יט) לבד הנשמה הטהורה, שהיא עתידה לתן דין וחשבון לפני כסא כבודך. וכל הגוים כאין נגדך, שנאמר: הן גוים כמר מדלי, וכשחק מאזנים נחשבו, (ישעיה מ:טו) הן איים כדק יטול. אבל אנחנו עמך בני בריתך, בני אברהם אהבך שנשבעת לו בהר המוריה, זרע יצחק יחידו שנעקד על גבי המזבח, עדת יעקב בנך בכורך, שמאהבתך שאהבת אותו ומשמחתך ששמחת בו, קראת את שמו ישראל וישרון.

The bolded statement above 'Man is no greater than a beast for it is all ephemeral' (*Kohelet* 3:19) is not only depressing but seemingly false.

Q. Is man, who is made in the image of God, really no greater than a beast?

A. *Barukh She-Amar*[6] explains that this is all being said in relation to God. Compared to His infinite knowledge, we—animals and humans—are all like nothing.

Mathematically, the above statement is absolutely correct. God's knowledge is infinite. If we quantify an animal's knowledge (the numerator) and put that over God's knowledge (the denominator) the result approaches zero. Similarly, if we quantify man's knowledge (the numerator) and place that over God's knowledge (the denominator) the result again approaches zero. Thus, the knowledge of both man and beast approaches a mathematical zero.

6 ולמרבה הפלא אפשר לומר, שמפרש המלה הקודמת "לפניך" (כל הגבורים כאין לפניך) כהסבה לכל הפרטים החשובים כאן, כזה, ואנשי השם כלא היו לפניך, וחכמים כבלי מדע לפניך, ונבונים כבלי השכל לפניך, ומותר האדם מן הבהמה אין לפניך. (ברוך שאמר לג).

שחרית

וּמוֹתַר הָאָדָם מִן הַבְּהֵמָה אָיִן כִּי הַכֹּל הָבֶל (המשך)

Takeaway. Man, created in the image of God, is vastly superior in intellect to all other of God's creations. Nonetheless, our knowledge in relation to that of God's is less than minimal. Man is both great and insignificant. ☙

שחרית

בָּעֵת הַהִיא אָבִיא אֶתְכֶם

וְקַיֵּם לָנוּ יי אֱלֹהֵינוּ אֶת הַדָּבָר שֶׁהִבְטַחְתָּנוּ עַל יְדֵי צְפַנְיָה חוֹזָךְ כָּאָמוּר: **בָּעֵת הַהִיא אָבִיא אֶתְכֶם, וּבָעֵת קַבְּצִי אֶתְכֶם, כִּי אֶתֵּן אֶתְכֶם לְשֵׁם וְלִתְהִלָּה בְּכֹל עַמֵּי הָאָרֶץ, בְּשׁוּבִי אֶת שְׁבוּתֵיכֶם לְעֵינֵיכֶם, אָמַר יי:**

The bolded text translates:

> At that time, I will bring you home, and at that time I will gather you, for I will give you renown and praise among all the people of the earth when I bring back your exiles before your eyes says the Lord.

After we envision the Jewish people gathered together and flourishing in their homeland, only then do we recite the passages which follow, relating to the daily sacrifices in the Temple. After we have achieved complete freedom from subjugation by others, only then can we imagine ourselves fully dedicated to God as represented by the daily sacrifices in the Temple. This explains why the above text immediately precedes in our *Siddur* the passages relating to the daily sacrifices in the Temple.

Similarly, after reciting גאל ישראל we immediately begin *Shemoneh Esreh. Maharal* explains[7] that when we proclaim גאל ישראל we break free in our mind from subjugation by others. Only then can we place ourselves fully in the service of God and recite *Shemoneh Esreh,* which is a substitution for the daily sacrifices.

---

7 וכאשר נפנה ונוטל ידיו שהאדם הוא בטהרה ואחר כך קורא קריאת שמע ומתפלל דבר זה נחשב קרבן על המזבח הזה הוא האדם שנחשב מזבח. וידוע כי התפלה יש לה יחוס ודמיון אל הקרבן שהרי תפלה נגד הקרבנות תקנו כמו שמבואר למעלה, ואם כן התפלה דומה אל הקרבן, ולכך קאמר כאלו הקריב עליו הקרבן הוא נפשו שמקריב על המזבח הזה. ... וביאור זה כמו שאמרנו, כי נחשב לו הרחיצה במקום טבילה ונחשב קריאת שמע ותפלה כמו קרבן ודבר זה מבואר. ואחר ק"ש וברכותיה תקנו התפלה כי צריך לסמוך גאולה לתפלה, כי התפלה דביקות האדם בעלתו יתברך ואין הדביקות הזה רק כאשר אינו תחת רשות אחרים ונגאל משם, ואז יש כאן התדבקות העלול בעלה, ואף שעדיין אנו משועבדים מכל מקום מצד הגאולה שהשם יתברך גאל את ישראל מצד הזה יש כאן דביקות העלול בעלתו לגמרי, ולפיכך צריך לסמוך גאולה לתפלה (מהר"ל נתיבות עולם נתיב העבודה ט).

בָּעֵת הַהִיא אָבִיא אֶתְכֶם (המשך)

Q. *Barukh She-Amar* asks, the above verse says, 'At that time I will bring you and at that time I will gather you together.' Should not the order be opposite, 'I will gather you together and bring you back'?[8]

A. Perhaps as the first step, *HKB"H* will bring those who are exiled back to *Eretz Yisrael.* In the beginning of their new life there they will feel like strangers in a new land. Only afterwards will they feel united with those who were already living there, and after a while they will become as one people.

Takeaway: In our times we have seen how various and disparate groups were brought back to the Land of Israel only to feel estranged, unable to relate to the dominant culture of the Jews living there. After some years, however, they adjusted. They learned to relate to people of other cultures and appreciate them, while also retaining their own unique identity and customs. ☙

8 לכאורה היה צריך לומר להיפך, בעת קבצי אתכם ובעת אביא אתכם כי לאחר שיתקבצו יביאם (ברוך שאמר לד). וראה מה שהוא מתרץ שם.

שחרית

וְאֶת הַכֶּבֶשׂ הַשֵּׁנִי תַּעֲשֶׂה בֵּין הָעַרְבָּיִם

The *Korban Tamid* (*Be-Midbar* 28:1–8) was offered up twice each day: in the morning, בבוקר and in the afternoon, בין הערבים. While the afternoon *Korban Tamid* may be slaughtered any time from slightly after midday until sunset, it was usually slaughtered eight and a half hours into the day (2:30 pm) and offered up on the altar at nine and a half hours (3:30 pm).[9] (All references to a specific time of the clock assume a perfect 12-hour day that begins at 6 am and ends at 6 pm.)

Q. We know the halakhic understanding of בין הערבים, but what do the words mean?

A. Various explanations are offered by our sages:

> **R. Yehosha b. Levi** explains[10] that בין הערבים means, between the two ערבs. The first ערב is when the sun moves past midday at 12 noon. The second ערב is when the sun sets at 6 pm. The moment of בין הערבים is thus midway between these two ערבs, or 3 pm. The middle **hour** between these two ערבs is from 2:30 to 3:30 pm.
>
> **Rashi** understands[11] בין הערבים as the moment when the sun's shadow changes directions. Until that moment, its shadow leans toward one direction. After that moment, its shadow leans toward the opposite direction. This moment is 12 noon.

---

9 תמיד נשחט בשמונה ומחצה וקרב בתשע ומחצה. בערבי פסחים נשחט בשבע ומחצה וקרב בשמונה ומחצה בין בחול בין בשבת. חל ערב פסח להיות בערב שבת נשחט בשש ומחצה וקרב בשבע ומחצה והפסח אחריו (פסחים פרק חמישי משנה א).

10 אמר רבי יהושע בן לוי דאמר קרא את הכבש אחד תעשה בבקר ואת הכבש השני תעשה בין הערבים. חלקהו לבין שני ערבים, שתי שעות ומחצה לכאן שתי שעות ומחצה לכאן, ושעה אחת לעשייתו (פסחים נח א).

11 בין הערבים. משש שעות ולמעלה שהצל נוטה קרינן בין הערבים (רש"י שם).

שחרית

וְאֵת הַכֶּבֶשׂ הַשֵּׁנִי תַּעֲשֶׂה בֵּין הָעַרְבָּיִם (המשך)

Rabbeinu Ḥananel (*Pesaḥim* 58a) explains[12] that בין הערבים is between the two nights: midway between the end of the previous night and the beginning of the coming night, which is 12 noon.

R. Samson Raphael Hirsch understands[13] the word ערב to mean mixture. The term בין הערבים thus means between the two times of the day that daylight and darkness are mixed together: in the morning as the sun is about to rise and in the evening after the sun sets. Midway between these two moments is 12 noon.

Takeaway. Our sages agree on what is the proper time to offer up the second *Korban Tamid* of the day, which is mandated to take place בין הערבים. The consensus, as recorded in the Mishnah (*Pesaḥim* 5:1), is that it be slaughtered at 2:30 pm and brought up on the altar at 3:30 pm.

All sages agree that בין הערבים in a **macro** sense refers to the six-hour period from 12 noon until 6 pm. They also agree that בין הערבים in a **micro** sense refers to a specific moment of the day.

The matter of contention is when the **micro** moment of בין הערבים actually occurs. According to R. Yehoshua b. Levi that moment is at 3 pm. According to Rashi, Rabbeinu Ḥananel and R. Hirsch that moment is at 12 noon. This difference of opinion is only a matter of understanding the phrase. It has no halakhic significance. ☙

---

12 מאי טעמא בין הערבים משעה שמתחיל היום להעריב משמע דתחלת שעה שביעית הוא בין שני הערבים בין ערב דאתמול לערב דהאידנא שכל הלילה נקרא ערב שנאמר (בראשית א ה) ויהי ערב ויהי בקר (רבינו חננאל, פסחים נח עמוד א).

13 בין הערבים. בין שני הערבים, בין שני עירבובי יום ולילה: האחד, בו הלילה כבר מתערב ביום, והשני היום עדיין מעורב בלילה, כלומר כל אחרי הצהריים (הרב שמשון בן הר"ר רפאל הירש על הסידור דף כא).

שחרית

וְשָׁחַט אֹתוֹ עַל יֶרֶךְ הַמִּזְבֵּחַ צָפֹנָה

Immediately after reciting the verses dealing with the *Korban Tamid*, the daily sacrifice (*Be-Midbar* 28:1–8), we recite the following verse:

> וְשָׁחַט אֹתוֹ עַל יֶרֶךְ הַמִּזְבֵּחַ צָפֹנָה לִפְנֵי יְהוָה וְזָרְקוּ בְּנֵי אַהֲרֹן הַכֹּהֲנִים אֶת דָּמוֹ עַל הַמִּזְבֵּחַ סָבִיב. (ויקרא א:יא)
>
> It shall be slaughtered before the Lord on the north side of the altar, and Aaron's sons, the priests, shall dash blood against all sides of the altar. (*Va-Yikra* 1:11)

The connection of the *Korban Tamid* to the verse *v-shaḥat ohto al yerekh ha-mizbeiaḥ tzafonah lifnei Hashem* is codified in *Shulḥan Arukh*.[14] Gra explains[15] that this is based on *Va-Yikra Rabbah*[16] which states that when the *Korban Tamid* is brought and the verse *tzafonah lifnei Hashem* is recited, God remembers the Akedah, the binding of Isaac.

Q. What is it about this verse, *v-shaḥat ohto al yerekh ha-mizbeiaḥ tzafonah lifnei Hashem* that evokes the Akedah?

---

14 יאמר עם הקרבנות פ' ושחט אותו על ירך המזבח צפונה לפני ה' (שלחן ערוך, א"ח א:ח).

15 שלחן ערוך שם.

16 "ושחט את בן הבקר וגו'" ובאיל הוא אומר צפונה לפני ה' אמרו בשעה שעקד אברהם אבינו את יצחק בנו התקין הקדוש ברוך הוא ב' כבשים אחד של שחרית ואחד של ערבית וכל כך למה שבשעה שהיו ישראל מקריבין תמיד על גבי המזבח וקורין את המקרא הזה צפונה לפני ה' זוכר הקב"ה עקידת יצחק מעידני עלי את השמים ואת הארץ בין גוי בין ישראל בין איש בין אשה בין עבד בין אמה קורין את המקרא הזה צפונה לפני ה' זוכר הקדוש ברוך הוא עקידת יצחק שנאמר צפונה לפני ה' (ויקרא רבה ב:יא).

וְשָׁחַט אֹתוֹ עַל יֶרֶךְ הַמִּזְבֵּחַ צָפֹנָה (המשך)

A. R. Yehoshua Leib Diskin explains[17] that before the Torah was given all sacrifices were slaughtered **on** the altar, the *Mizbeiaḥ* (which is why it is called *Mizbeiaḥ*, i.e., the place of the slaughter). Indeed, when Isaac was to be sacrificed, he was placed **upon** the altar. When the angel subsequently instructed Abraham not to slaughter Isaac, his father Abraham had no choice but to slaughter the ram **alongside** the altar for Isaac was still on it. The Akedah thus became the model for all subsequent sacrifices mentioned in the Torah, which are all slaughtered **alongside** the altar and not upon it. The operative words in our verse are thus על ירך, alongside; the ram that replaced Isaac was slaughtered alongside the altar, and so too all sacrifices of the Torah are to be slaughtered alongside the altar.

Takeaway. The *Shemoneh Esreh* that we recite twice-daily (i.e., *Shaḥarit* and *Minḥah*, but not *Ma'ariv*) corresponds to the twice-daily *Korban Tamid*, which itself is a reminder (or reenactment) of the Akedah. Indeed, the Akedah is central to Judaism, a defining moment of our religion. Prof. Yeshayahu Leibowitz points out that in Christianity the ultimate religious act is God sacrificing His son to save humanity, in Judaism the direction is reversed. Our ultimate religious act is a man, Abraham, who was willing to sacrifice his son, Isaac, for God. It is what we do, how we worship God, that is religiously significant. ☙

---

17 והנה מדי דברי בענין עקידת יצחק זכור אזכרנו ד"ת ששמעתי מבני הבחור המופלג יהודה נ"י בלמדו בירושלים ת"ו ששמע מאחד המגידים בשם ר' מרדכי דריק שהוא אמר בשם מהרי"ל דיסקין זצ"ל איתא בתדב"א ובויקרא רבה (וגם מודפס בכמה סידורים) אשר כל אחד (ובלשון המדרש אפילו גוי - והוא פלא) שאומר הפסוק "ושחט אותו על ירך המזבח צפונה לפני ד'" גורם לזה שהקב"ה מעלה בזכרו עקידת יצחק. וקשה להבין הקשר ומדוע באמת ככה. והוא חידש בזה דבר נפלא. לפי חידושו עד שלא נתנה התורה היו כל הקרבנות נשחטים בראשו של מזבח - ואולי מפני זה נקרא מזבח כלו' מקום זבח. ובאמת בעקידת יצחק מקרא מלא הוא "ויעקוד את יצחק בנו וישם אותו על המזבח ממעל לעצים ויקח את המאכלת לשחוט את בנו ."
והנה בשעת העקידה כשעצרו המלאך מלשחוט את יצחק והמאכלת בידו לא היה לו ברירה אלא לשחוט את האיל בצד המזבח ולא עליו שיצחק עדיין עקוד היה על המזבח. והקב"ה ברב חסדו להנציח זכרון העקידה שינה מעשה הקרבנות לעמו וצווה לשחוט על ירך המזבח ולא בראשו. נמצא שכל קרבן וקרבן שב"י מקריבין לפניו - ואנחנו בזמנינו בקריאת הפסוקים - מעלים לפניו זכרון מסי"נ של אבוה"ק וממלא עלינו רחמים (מוהר"ר מרדכי מנאדבורנא, מכתב למשמרת 3, 5762 דף ל).

שחרית

אביי הוה מסדר סדר המערכה

מערכה גדולה קודמת למערכה שניה של קטורת
מערכה שניה של קטורת קודמת לסידור שני גזירי עצים
וסידור שני גזירי עצים קודם לדישון מזבח הפנימי
ודישון מזבח הפנימי קודם להטבת חמש נרות
והטבת חמש נרות קודם לדם התמיד
ודם התמיד קודם להטבת שתי נרות
והטבת שתי נרות קודם לקטורת
וקטורת קודם לאברים
ואברים למנחה
ומנחה לחביתין
וחביתין לנסכין
ונסכין למוספין
ומוספין לבזיכין
ובזיכין לתמיד של בין הערבים
שנאמר והקטיר עליה חלבי השלמים
עליה השלם כל הקרבנות כולן

The above text from *Yoma* 33a lists the order of various daily functions performed in the *Beit Ha-Mikdash.* Despite the introductory sentence, which seems to attribute the above text to Abbaye, it has all the hallmarks of a *beraita* (a *Tannaic* text): its language is in Hebrew, its style is mishnaic, and most important of all, the Gemara treats it as a *beraita* by explaining, point by point, the chronological order of the Temple functions.

There are other anomalies: there seem to be grammatical errors in the Gemara text, the style is inconsistent, and the *Siddur* text is substantially different from the Gemara text.

The cup-like image produced when parsing the text, as shown above, may be a coincidence. What is clear, however, is that its author—for aesthetic and sounding out reasons—varied its style. While the first eight phrases contain the word קודם\קודמת, the last six phrases do not. The last six phrases speed up the recitation of the prayer; the verse that follows slows it down. Perhaps the increase in the speed is reminiscent of the speed and efficiency of the Kohanim performing their functions in the *Beit ha-Mikdash.*

שחרית

אביי הוה מסדר סדר המערכה (המשך)

For more information see the author's article in *Ḥakirah*.[18]

Takeaway. Our prayers are not just dry text that we recite daily. Our sages wanted us to be inspired, to pour out our feelings to the One Who created it all. As such they also used literary devices to enhance our prayer experience, to turn mere words into heartfelt emotions. ☙

18 צבי שמואל זלצר, חקירה, יג, קמה-קסא.

שחרית

גָּדוֹל אֲדוֹנֵינוּ וְרַב כֹּחַ לִתְבוּנָתוֹ אֵין מִסְפָּר (תהלים קמז:ה)

Malbim[19] translates the phrase לתבונתו אין מספר as 'There is no limit to His understanding.'

Q. The literal meaning of אין מספר, however, is 'there is no count.' Wouldn't it have been more correct to have said לתבונתו אין קץ, there is no limit to his understanding?

A. *Metzudat David*[20] thus translates, 'The areas in which He has understanding, cannot be counted because they are very many.'

R. Y.B. Soloveitchik (the Rav)[21] reinterprets the phrase to mean 'according to His understanding it is not numbers that matters.' God is not impressed with huge quantities but with quality.

Takeaway: There are billions of stars in our universe which in relation to God's infinity is like naught. Planet Earth is but a tiny speck in the sky. And we are each but one of a great multitude of people.

We become redeemed, worthy and significant when we distinguish our life by the quality of our actions and our service to God. We are born insignificant but through our actions we can achieve greatness. ☙

---

19 **לתבונתו אין מספר** ואין סוף לחכמתו, במה שהוא **מעודד ענוים ומשפיל רשעים** ע"י השגחתו הפרטיית, הגם שלפי המזל מתחייב שאלה יהיו ענוים ושפלים ואלה ירימו קרן, ישדר את המערכה, בזה נראה כחו וחכמתו (מלבים, ביאור הענין, תהלים קמז:ה).

20 **לתבונתו**. לדברים שיש בהם תבונה הנמצאים אצלו אין מספר להם כי רבו מאוד (מצודת דוד שם).

21 אולי זה משמעות הפסוקים (תהלים קמז, ד-ה) שאנו אומרים בכל יום בפסוקי-דזמרא: "מונה מספר לכוכבים—לכלם שמות יקרא: גדול אדונינו ורב כח לתבונתו אין מספר"—למה "לתבונתו אין מספר"—ולא לתבונתו אין קץ או אין גבול? אלא שנראה לי, כי כך פירושו של מקרא: הקב"ה מונה מספר לכוכבים, הוא מסדר את הכוכבים במשמרותיהם ברקיע, שולט בקונסטלציות השמימיות העצומות לאין שיעור וגבול והוא עצמו הרי הוא אינסוף, גדול ורב-כח ובכל זאת: "לתבונתו אין מספר", לתבונתו חסרת-הגבולות ולחכמתו הכוללת ומקיפה הכל—אין למספר כל חשיבות (הרב יוסף דוב הלוי סולובייצ'יק, על התשובה, רסח).

שחרית

וַיְבָרֶךְ דָּוִיד

The first four verses of *Va-ye-varekh David* are from I Chronicles (29:10–13).[22] *Nusaḥ Ashkenaz* follows these with verses from Nehemiah (9:6–11).[23] *Nusaḥ Sefarad* does the same except that it also adds the bolded part of the previous verse from Nehemiah (9:5) as shown below:

> ה. וַיֹּאמְרוּ הַלְוִיִּם יֵשׁוּעַ וְקַדְמִיאֵל בָּנִי חֲשַׁבְנְיָה שֵׁרֵבְיָה הוֹדִיָּה, שְׁבַנְיָה פְתַחְיָה, קוּמוּ בָּרְכוּ אֶת יי אֱלֹהֵיכֶם, מִן הָעוֹלָם עַד הָעוֹלָם; **וִיבָרְכוּ שֵׁם כְּבֹדֶךָ, וּמְרוֹמַם עַל כָּל בְּרָכָה וּתְהִלָּה.** (נחמיה ט:ה)

Q. Why would *Nusaḥ Sefarad* add a partial verse in light of the Gemara's (*Megillah* 22a)[24] ambivalence about breaking up a verse? Although the Gemara's ambivalence applies only to verses of *Ḥumash* (כל פסוקא דלא פסקיה משה) it is still puzzling why only part of the verse is cited.

A. The omission of the first part of the verse is likely because it is a list of (unusual) Levite names which if included in our prayers would detract from its flow. The omission of the middle part of our verse, קוּמוּ בָּרְכוּ אֶת יי אֱלֹהֵיכֶם מִן הָעוֹלָם עַד הָעוֹלָם, is because its inclusion would make it a call to the congregation, which would require a quorum of ten—which is not otherwise required for *Pesukei d-Zimrah*.

---

22 **י** וַיְבָרֶךְ דָּוִיד אֶת ה' לְעֵינֵי כָּל-הַקָּהָל; וַיֹּאמֶר דָּוִיד, בָּרוּךְ אַתָּה ה' אֱלֹהֵי יִשְׂרָאֵל אָבִינוּ מֵעוֹלָם וְעַד-עוֹלָם. **יא** לְךָ ה' הַגְּדֻלָּה וְהַגְּבוּרָה וְהַתִּפְאֶרֶת, וְהַנֵּצַח וְהַהוֹד, כִּי כֹל, בַּשָּׁמַיִם וּבָאָרֶץ: לְךָ ה' הַמַּמְלָכָה וְהַמִּתְנַשֵּׂא לְכֹל לְרֹאשׁ. **יב** וְהָעֹשֶׁר וְהַכָּבוֹד מִלְּפָנֶיךָ וְאַתָּה מוֹשֵׁל בַּכֹּל וּבְיָדְךָ כֹּחַ וּגְבוּרָה; וּבְיָדְךָ לְגַדֵּל וּלְחַזֵּק לַכֹּל. **יג** וְעַתָּה אֱלֹהֵינוּ מוֹדִים אֲנַחְנוּ לָךְ; וּמְהַלְלִים לְשֵׁם תִּפְאַרְתֶּךָ

23 **ו** אַתָּה הוּא ה' לְבַדֶּךָ את (אַתָּה) עָשִׂיתָ אֶת הַשָּׁמַיִם שְׁמֵי הַשָּׁמַיִם וְכָל צְבָאָם הָאָרֶץ וְכָל אֲשֶׁר עָלֶיהָ הַיַּמִּים וְכָל אֲשֶׁר בָּהֶם, וְאַתָּה מְחַיֶּה אֶת כֻּלָּם; וּצְבָא הַשָּׁמַיִם לְךָ מִשְׁתַּחֲוִים. **ז** אַתָּה הוּא ה' הָאֱלֹהִים אֲשֶׁר בָּחַרְתָּ בְּאַבְרָם וְהוֹצֵאתוֹ מֵאוּר כַּשְׂדִּים; וְשַׂמְתָּ שְּׁמוֹ אַבְרָהָם. **ח**. וּמָצָאתָ אֶת לְבָבוֹ נֶאֱמָן לְפָנֶיךָ, וְכָרוֹת עִמּוֹ הַבְּרִית לָתֵת אֶת אֶרֶץ הַכְּנַעֲנִי הַחִתִּי הָאֱמֹרִי וְהַפְּרִזִּי וְהַיְבוּסִי וְהַגִּרְגָּשִׁי לָתֵת לְזַרְעוֹ; וַתָּקֶם, אֶת דְּבָרֶיךָ כִּי צַדִּיק אָתָּה **ט** וַתֵּרֶא אֶת עֳנִי אֲבֹתֵינוּ בְּמִצְרָיִם; וְאֶת זַעֲקָתָם שָׁמַעְתָּ עַל יַם-סוּף. **י** וַתִּתֵּן אֹתֹת וּמֹפְתִים בְּפַרְעֹה וּבְכָל עֲבָדָיו, וּבְכָל עַם אַרְצוֹ כִּי יָדַעְתָּ כִּי הֵזִידוּ עֲלֵיהֶם; וַתַּעַשׂ לְךָ שֵׁם כְּהַיּוֹם הַזֶּה **יא** וְהַיָּם בָּקַעְתָּ לִפְנֵיהֶם וַיַּעַבְרוּ בְתוֹךְ הַיָּם בַּיַּבָּשָׁה; וְאֶת רֹדְפֵיהֶם הִשְׁלַכְתָּ בִמְצוֹלֹת כְּמוֹ אֶבֶן בְּמַיִם עַזִּים.

24 רב אמר דולג. מאי טעמא לא אמר פוסק? קסבר כל פסוקא דלא פסקיה משה אנן לא פסקינן. (מגילה כב עמוד א).

שחרית

וַיְבָרֶךְ דָּוִיד (המשך)

Interestingly, our *Siddurim* also break up the verse (see below) from Nehemiah (9:8). The first part of the verse is the end of one paragraph, the second part of the verse is the beginning of the next paragraph:

ו אַתָּה הוּא יי לְבַדֶּךָ את [אַתָּה] עָשִׂיתָ אֶת הַשָּׁמַיִם שְׁמֵי הַשָּׁמַיִם וְכָל צְבָאָם הָאָרֶץ
וְכָל אֲשֶׁר עָלֶיהָ הַיַּמִּים וְכָל אֲשֶׁר בָּהֶם וְאַתָּה מְחַיֶּה אֶת כֻּלָּם וּצְבָא הַשָּׁמַיִם לְךָ
מִשְׁתַּחֲוִים. ז אַתָּה הוּא יי הָאֱלֹהִים אֲשֶׁר בָּחַרְתָּ בְּאַבְרָם וְהוֹצֵאתוֹ מֵאוּר כַּשְׂדִּים
וְשַׂמְתָּ שְּׁמוֹ אַבְרָהָם. ח **וּמָצָאתָ אֶת לְבָבוֹ נֶאֱמָן לְפָנֶיךָ**

וְכָרוֹת עִמּוֹ הַבְּרִית לָתֵת אֶת אֶרֶץ הַכְּנַעֲנִי הַחִתִּי הָאֱמֹרִי וְהַפְּרִזִּי וְהַיְבוּסִי
וְהַגִּרְגָּשִׁי לָתֵת לְזַרְעוֹ וַתָּקֶם אֶת דְּבָרֶיךָ כִּי צַדִּיק אָתָּה. ט וַתֵּרֶא אֶת עֳנִי אֲבֹתֵינוּ
בְּמִצְרָיִם וְאֶת זַעֲקָתָם שָׁמַעְתָּ עַל יַם סוּף. י וַתִּתֵּן אֹתֹת וּמֹפְתִים בְּפַרְעֹה וּבְכָל
עֲבָדָיו וּבְכָל עַם אַרְצוֹ כִּי יָדַעְתָּ כִּי הֵזִידוּ עֲלֵיהֶם וַתַּעַשׂ לְךָ שֵׁם כְּהַיּוֹם הַזֶּה.
יא וְהַיָּם בָּקַעְתָּ לִפְנֵיהֶם וַיַּעַבְרוּ בְתוֹךְ הַיָּם בַּיַּבָּשָׁה וְאֶת רֹדְפֵיהֶם הִשְׁלַכְתָּ בִמְצוֹלֹת
כְּמוֹ אֶבֶן בְּמַיִם עַזִּים. (נחמיה ט, ו-יא)

The above bolded phrases appearing in our *siddurim* at the end of one paragraph and at the beginning of the next paragraph, are actually both part of verse 8, as shown below:

ח. **וּמָצָאתָ אֶת לְבָבוֹ נֶאֱמָן לְפָנֶיךָ, וְכָרוֹת עִמּוֹ הַבְּרִית לָתֵת אֶת אֶרֶץ הַכְּנַעֲנִי הַחִתִּי הָאֱמֹרִי וְהַפְּרִזִּי וְהַיְבוּסִי וְהַגִּרְגָּשִׁי לָתֵת לְזַרְעוֹ; וַתָּקֶם אֶת דְּבָרֶיךָ כִּי צַדִּיק אָתָּה.** (נחמיה ט:ח)

This was probably done to reflect the custom that on a day of a *brit milah* verses 8 (starting with the phrase *ve-karot imo ha-brit*) through 11 (and the *Shirah*) are recited alternately by the *mohel* and the congregation.

Takeaway*: Davening* does not usually contain partial verses. When only part of a verse is recited, we may fail to understand its context and misinterpret its meaning. When the *Siddur* does violate this norm and gives us only part of a verse, there is usually a compelling reason. ☙

שחרית

קדיש

יִתְגַּדַּל וְיִתְקַדַּשׁ שְׁמֵהּ רַבָּא. בְּעָלְמָא דִּי בְרָא כִרְעוּתֵהּ, וְיַמְלִיךְ מַלְכוּתֵהּ וְיַצְמַח פּוּרְקָנֵהּ וִיקָרֵב מְשִׁיחֵהּ. בְּחַיֵּיכוֹן וּבְיוֹמֵיכוֹן וּבְחַיֵּי דְכָל בֵּית יִשְׂרָאֵל, בַּעֲגָלָא וּבִזְמַן קָרִיב וְאִמְרוּ אָמֵן: **יְהֵא שְׁמֵהּ רַבָּא מְבָרַךְ לְעָלַם וּלְעָלְמֵי עָלְמַיָּא.**

The essence of *Kaddish* are the two declarations of faith as expressed in the bolded text above: 1. God's greatness will be known throughout the world, and 2. This knowledge of God will endure forever. These two themes of *Kaddish* were inspired by two Biblical verses.

1. God's greatness will be known throughout the world:

Ezekiel's prophecy (38:23) declares that after the defeat of Gog and Magog (i.e., in eschatological times) God will be magnified and sanctified in the eyes of the nations, i.e., there will be universal recognition of God.

> והתגדלתי והתקדשתי ונודעתי לעיני גוים רבים וידעו כי אני יי. (יחזקאל לח:כג)
>
> Thus will I magnify myself and sanctify myself; and I will make myself known in the eyes of many nations, and they shall know that I am the LORD. (Ezekiel 38:23)

This inspired the first part of *Kaddish*:[25] **יתגדל ויתקדש שמה רבא בעלמא די ברא כרעותה**, "His great name will be magnified and sanctified in the world he created, when He wills it."[26]

25 יתגדל ויתקדש הוסד ע"פ המקרא וכו' כלומר זהו לכל הדיעות שתפילה זו תקנוה על הגאולה דלעתיד שיתגדל ויתקדש שמו ויהיה ה' אחד ושמו אחד. (ב"ח א"ח נו).
כבר נתבאר גודל מעלתו וגודל קדושתו של הקדיש בריש סי' הקודם וזה תקוותינו בעתיד כמו שאמר הנביא והתגדלתי והתקדשתי וגו' וידעו כי אני ה' שזהו התכלית מהבריאה ופסוק זה נאמר על מלחמת גוג ומגוג שאז תחת אשר עד כה היה שמו יתב' מחולל בין עובדי כוכבים אבל אז יתגדל ויתקדש שמו הגדול (ערוך השלחן א"ח נו:א).

26 כרעותיה הכ"ף דגושה דקאי על יתגדל ויתקדש ולא על תיבת דברא וראי' מנוסח על הכל יתגדל כו' כרצונו וכרצון יריאיו כו' (דיוקים בנוסחי התפלה והברכות מהגאון ר"א ז"ל).

קדיש (המשך)

2. Knowledge of God will endure forever:

Daniel (2:20) praises God for having revealed to him the content of Nebuchadnezzar's dream and its interpretation, and declares that God's reign will endure forever.

> ענה דניאל ואמר לֶהֱוֵא שמה די אלהא מברך מן עלמא ועד עלמא די חכמתא וגבורתא די לה היא. (דניאל ב:כ)
>
> Daniel spoke and said, Blessed be the name of God for ever and ever: for wisdom and might are His. (Daniel 2:20)

This was the inspiration for the second theme of *Kaddish* יהא שמה רבא מברך לעלם ולעלמי עלמיא, "May His great name be blessed forever."

To summarize, the main components of *Kaddish* emphasize two ideals: 1) In eschatological times God will be recognized universally among all the nations; and 2) God's reign will endure forever.

Takeaway: *Kaddish*, at its inception, had nothing to do with death and dying, or as a prayer for a recently departed relative. It was meant as a declaration of faith, that in eschatological times God will be recognized universally, and that the recognition will endure forever. ☙

שחרית

קדיש—יִתְגַּדַּל וְיִתְקַדַּשׁ

יִתְגַּדַּל וְיִתְקַדַּשׁ שְׁמֵהּ רַבָּא. בְּעָלְמָא דִּי בְרָא כִרְעוּתֵהּ, וְיַמְלִיךְ מַלְכוּתֵהּ וְיַצְמַח פּוּרְקָנֵהּ וִיקָרֵב מְשִׁיחֵהּ. בְּחַיֵּיכוֹן וּבְיוֹמֵיכוֹן וּבְחַיֵּי דְכָל בֵּית יִשְׂרָאֵל, בַּעֲגָלָא וּבִזְמַן קָרִיב וְאִמְרוּ אָמֵן: יְהֵא שְׁמֵהּ רַבָּא מְבָרַךְ לְעָלַם וּלְעָלְמֵי עָלְמַיָּא.

The common translation of the first few words of *Kaddish* are usually something like 'May His great name be magnified and sanctified…' implying that it is a prayer that God's name become great and sanctified.

There is also another way to understand these words: יתגדל means simply 'will be great' and יתקדש means 'will be sanctified.' In its context here in *Kaddish,* we acknowledge our belief that a time will come when God will be recognized as great and sanctified by the entire world. This understanding is championed by some of our sages:

Ba"Ḥ explains[27] 'Everyone agrees that this prayer (i.e., *Kaddish*) was established based on the future redemption when God's name (i.e., reputation) will become great and sanctified…" Rashi[28] and *Maḥzor Vitri*[29] essentially agree.

Arukh Ha-Shulḥan explains[30] in more detail:

> This (the *Kaddish*) expresses our hope for the future as expressed by the prophet 'I will become great and I will become sanctified, etc. and they will know that I am God' for this is the purpose of creation. This verse refers to the war of Gog and Magog. At that time—instead of how it is now that His name is profaned among the nations—his great Name will become great and sanctified.

27 יתגדל ויתקדש הוסד ע"פ המקרא וכו' כלומר זהו לכל הדיעות שתפילה זו תקנוה על הגאולה דלעתיד שיתגדל ויתקדש שמו ויהיה ה' אחד ושמו אחד (ב"ח א"ח נו).

28 וכן [הוא] משמעו יתגדל ויתקדש שמו של הק[דוש] ב[רוך] ה[וא] לעתיד לבוא שיהא [שמו הגדול] מגודל ומקודש (ספר הפרדס לרש"י ז"ל דף שכג (מהדורה עהרענרייך).

29 יתגדל לשון הפסוק הוא. (יחזקאל לח) והתגדלתי והתקדשתי (ונועדתי) [ונודעתי] לעיני (עמים) [גוים] רבים וידעו כי (שמי) [אנ] י"י. למלחמת גוג ומגוג. לכך הוא מתחיל בלשון עברי ולא בלשון ארמי וכן משמעו יתגדל ויתקדש שמו של הקב"ה לעתיד לבא שיהא שמו הגדול מגודל ומקדש דכת' וידעו כי (שמי) [אני] י"י שמעכשיו לא כשהוא נכתב הוא נקרא כי הוא נכתב ביו"ד ה"א ונקרא באל"ף דל"ת (מחזור ויטרי דף סד).

30 כבר נתבאר גודל מעלתו וגודל קדושתו של הקדיש בריש סי' הקודם וזה תקוותינו בעתיד כמו שאמר הנביא והתגדלתי והתקדשתי וגו' וידעו כי אני ה' שזהו התכלית מהבריאה ופסוק זה נאמר על מלחמת גוג ומגוג שאז תחת אשר עד כה היה שמו יתב' מחולל בין עובדי כוכבים אבל אז יתגדל ויתקדש שמו הגדול (ערוך השלחן א"ח נו:א).

קדיש—יִתְגַּדַּל וְיִתְקַדַּשׁ (המשך)

Takeaway: The essence of *Kaddish* is not to bless God or to request anything of Him but rather to publicly declare that we believe that God will one day be recognized throughout the world and that this recognition will endure forever. This recognition by all the nations will occur when God wills it to happen. ☙

קדיש—כִּרְעוּתֵהּ

יִתְגַּדַּל וְיִתְקַדַּשׁ שְׁמֵהּ רַבָּא. בְּעָלְמָא דִּי בְרָא **כִרְעוּתֵהּ,** וְיַמְלִיךְ מַלְכוּתֵהּ וְיַצְמַח פּוּרְקָנֵהּ וִיקָרֵב מְשִׁיחֵהּ. בְּחַיֵּיכוֹן וּבְיוֹמֵיכוֹן וּבְחַיֵּי דְּכָל בֵּית יִשְׂרָאֵל, בַּעֲגָלָא וּבִזְמַן קָרִיב וְאִמְרוּ אָמֵן: יְהֵא שְׁמֵהּ רַבָּא מְבָרַךְ לְעָלַם וּלְעָלְמֵי עָלְמַיָּא.

The word כרעותה means 'according to His will' and in its context the entire phrase **בעלמה די ברא כרעותה** is usually translated as 'in the world He created according to His will.'

Q. This translation is problematic. Of course God created the world according to His will. What is the point of saying that the world was created according to His will?

A. Gra thus answers[31] that the word כרעותיה refers back to יתגדל ויתקדש. Our phrase thus translates, 'His great Name will become great and sanctified in the world He created, when he wills it.' It will only happen when God wants it to happen. Nevertheless, within *Kaddish* we pray בחייכון וביומיכון ובחיי דכל בית ישראל, that this great eschatological event should take place, 'during your life, during your days, and during the life of the entire House of Israel.'

To prove his point Gra notes that on Sabbath, after the Torah Scroll is removed from the Ark, we say a prayer which parallels the *Kaddish*:

> עַל הַכֹּל יִתְגַּדַּל וְיִתְקַדַּשׁ וְיִשְׁתַּבַּח וְיִתְפָּאַר וְיִתְרוֹמַם וְיִתְנַשֵּׂא, שְׁמוֹ שֶׁל מֶלֶךְ מַלְכֵי הַמְּלָכִים, הַקָּדוֹשׁ בָּרוּךְ הוּא, בָּעוֹלָמוֹת שֶׁבָּרָא, הָעוֹלָם הַזֶּה וְהָעוֹלָם הַבָּא, כִּרְצוֹנוֹ וְכִרְצוֹן יְרֵאָיו, וְכִרְצוֹן כָּל בֵּית יִשְׂרָאֵל.

31 כרעותיה הכ"ף דגושה דקאי על יתגדל ויתקדש ולא על תיבת דברא וראי' מנוסח על הכל יתגדל כו' כרצונו וכרצון יראיו כו' (דיוקים בנוסחי התפלה והברכות מהגאון ר"א ז"ל)

בנוסח הקדיש בעלמא די ברא כרעותיה: המובן בלשון זה, בעולם שברא כרצונו. ולכאורה הלשון "כרצונו" מיותר, וגם אינו מבואר מה משמיענו בזה, ובודאי ברא כרצונו, כי מה הכריח אותו לבריאת עולם בכלל, והלא הוא אדון עולם בטרם כל יציר נברא... אבל כפי דמשמע מהתפלה שאומרים בשעת הוצאת ס"ת לקריאה בשבת ויו"ט מתבאר דהלשון "כרעותיה" אינו מוסב כלל על בעלמא די ברא, כי אם על הלשון "יתגדל ויתקדש שמיה רבה... כרעותיה בעלמא די ברא" שכן הנוסח שם, "על הכל יתגדל ויתקדש וישתבח שמו של מלך מלכי המלכים הקב"ה בעולמות שברא כרצונו וכרצון יראיו וכרצון כל בית ישראל" ושם בודאי מוסב הלשון "כרצונו" על הלשון יתגדל ויתקדש שמו, יען כי לא שייך לומר דמוסב על הלשון בעולמות "שברא כרצון יראיו וכרצון כל בית ושראל", ואם כן גם כאן מוסב הלשון כרעותיה על יתגדל ויתקדש שמי' רבה ... (ברוך שאמר צב).

קדיש— כִּרְעוּתֵהּ (המשך)

Notice that instead of the Aramaic word כרעותה this prayer uses the Hebrew word כרצונו which similarly means 'according to His will.' To say that כרצונו refers to בעולמות שברא, 'in the worlds he created,' would be absurd for the prayer continues וכרצון יראיו וכרצון כל בית ישראל, 'and as willed by those who fear Him and as willed by the entire House of Israel.' The opinions of those who fear him and of the entire House of Israel were not consulted when He created the world! Rather, the prayer is saying that His great name will become great and sanctified as per the will of God, and as per the will of those who fear Him and the will of the entire House of Israel.

Takeaway: When you hear a *ba'al tefillah* pronounce the word כִּרְעוּתֵהּ, as כְּרְעוּתֵהּ, with a *dagesh* in the כ, it is probably because he is following the interpretation of Gra, that the word כרעותה refers back to יתגדל ויתקדש..., in the beginning of the phrase. See the previous footnote. ☙

שחרית

קריאת שמע—קבלת עול מלכות שמים

	מעריב	**שחרית**
God of Nature	ברוך אתה יי **המעריב ערבים**	ברוך אתה יי **יוצר המאורות**
God Who reveals Himself: He chooses us	ברוך אתה יי **אוהב עמו ישראל**	ברוך אתה יי **הבוחר בעמו ישראל באהבה**
קבלת עול מלכות שמים	קריאת שמע	קריאת שמע
God Who revealed Himself redeems us	ברוך אתה יי **גאל ישראל**	ברוך אתה יי **גאל ישראל**
God Who revealed Himself guards us forever	ברוך אתה יי **שומר עמו ישראל לעד**	

Within both *Shaharit* and *Ma'ariv,* the blessings that precede *Shema* lead us through two types of encounters with God: 1. As the Creator of the world; and 2. As He Who formed a loving relationship with the Jewish People.

Q. What does this structure of blessings accomplish?

A. It is only after both of these types of encounters with God that we are ready to accept the yoke of Heaven. R. Y.B. Soloveitchik[32] explains that a relationship with God based solely on our observation of the cosmos leads to pantheism (à la Spinoza) and a denial of God.

After accepting the yoke of Heaven, we proclaim that God redeemed the Jewish People from Egypt and that we are no longer under foreign subjugation. We place ourselves in the service of God, and we can approach him with our petitions, i.e., the *Shemoneh Esreh.*

32 ברם היהדות ידעה גם כן, כי פגישה קוסמית זו למרות חשיבותה, גודלה ותוקפה אינה דיה... בסופו של דבר: דתיות קוסמית רציונלית נתפסת לפנתיאיזם, בין לזה של פלוטינוס עם האמנציות שלו, ובין לזה של שפינוזה עם העצם בעל התארים האינסופיים שלו. הצד השווה שביניהם—שאך כפשע ביניהם ובין האתיאיזם. במלה אחת, אם הדתיות יונקת רק מן השכל והתודעה התרבותית—סופו לכפור בעיקר... האלוהים מתגלה ליצירתו מעבר וממעל לטבע ומנבא את בני האדם. זוהי התורה החדשה שניתנה מסיני לעבדים שנעשו בני חורים, ושהללו נתנוה לעולם. (ר' יוסף דב הלוי סולובייצ'יק, ובקשתם משם, קלז, קלט, קמב).

קריאת שמע—קבלת עול מלכות שמים (המשך)

At *Ma'ariv* we add an extra blessing that says God always watches over us. Perhaps at night when it is dark and we cannot distinguish our surroundings, we tend to be more frightened. At night, we thus need the extra reassurance that God always watches over us.

Takeaway: An understanding of God based solely on our observation of the cosmos—as powerful and awe inspiring as that may be—cannot lead to a true religion and a belief in a God Who should be worshipped. Only after we accept that God revealed Himself to us at Sinai and gave us His Torah are we ready to accept the yoke of Heaven upon ourselves and recite the שמע. ☙

שחרית

וּרְאִיתֶם אֹתוֹ

וַיֹּאמֶר יי אֶל מֹשֶׁה לֵּאמֹר: דַּבֵּר אֶל בְּנֵי יִשְׂרָאֵל וְאָמַרְתָּ אֲלֵהֶם וְעָשׂוּ לָהֶם צִיצִת עַל כַּנְפֵי בִגְדֵיהֶם לְדֹרֹתָם וְנָתְנוּ עַל צִיצִת הַכָּנָף פְּתִיל תְּכֵלֶת וְהָיָה לָכֶם לְצִיצִת **וּרְאִיתֶם אֹתוֹ** וּזְכַרְתֶּם אֶת כָּל מִצְוֹת יי וַעֲשִׂיתֶם אֹתָם וְלֹא תָתוּרוּ אַחֲרֵי לְבַבְכֶם וְאַחֲרֵי עֵינֵיכֶם אֲשֶׁר אַתֶּם זֹנִים אַחֲרֵיהֶם: לְמַעַן תִּזְכְּרוּ וַעֲשִׂיתֶם אֶת כָּל מִצְוֹתָי וִהְיִיתֶם קְדֹשִׁים לֵאלֹהֵיכֶם: אֲנִי יי אֱלֹהֵיכֶם אֲשֶׁר הוֹצֵאתִי אֶתְכֶם מֵאֶרֶץ מִצְרַיִם לִהְיוֹת לָכֶם לֵאלֹהִים אֲנִי יי אֱלֹהֵיכֶם: (במדבר טו: לז-מא).

The third segment of *Shema* deals with the obligation to place *tzitzit* on the corners of clothing. The word *tzitzit* is commonly translated as 'fringes' or 'tassels.' Rashi,[33] on the etymology of the word, suggests both 'tassels', and 'seeing'.

The Israelites are commanded to place a blue string upon the *tzitzit* so that when they see it, **וראיתם אתו**, they will remember all of God's commandments, and they will observe them.

Q. In the phrase **וראיתם אתו**, and they will see it, what is the object they are seeing? Is it the *tzitzit,* the cluster of fringes which includes the blue thread, or is it specifically the blue thread within the cluster of *tzitzit*?

A. There is a difference of opinion:

> **Rashi** tells us[34] that it is the *tzitzit* cluster as a whole which reminds us of the commandments. (The word *tzitzit* is not necessarily plural.)

---

33 ועשו להם ציצת, על שם הפתילים התלוים בה, כמו ויקחנו בציצת ראשי (יחזקאל ח ג), דבר אחר ציצת על שם וראיתם אותו (פסוק לט), כמו מציץ מן החרכים (שה"ש ב ט) (רש"י במדבר טו:לח).

34 וזכרתם את כל מצות ה', שמנין גימטריא של ציצית שש מאות, ושמנה חוטים וחמשה קשרים הרי תרי"ג (רש"י במדבר טו:לט).

וּרְאִיתֶם אֹתוֹ (המשך)

Ramban argues[35] that it is not the *tzitzit* cluster which reminds us to do the commandments but rather the blue thread within it. He reinforces his argument by citing the midrash (*Menaḥot* 43b) that the blue of the thread is similar to the color of the sea, which is similar to that of the sky, which is similar to that of the Divine throne.

Whether וראיתם אתו refers to the *tzitzit* cluster or whether it refers to the blue thread within it is today more than just an arcane argument. It is one of the flash points in the cultural battles between national religious Zionists and *ḥaredim*.

In 1913 R. Isaac HaLevi Herzog, who would become the first Chief Rabbi of the State of Israel, argued in his doctoral thesis that the murex trunculus was used to create the blue dye for *tekhelet*, the blue thread of *tzitzit*. The problem faced in his time was that the dye extracted from the murex was purple and not blue. In 1983, however, scientists working with the dye noticed that when the murex dye is processed under sunlight it yields blue dye.

Those who advocate using the murex dye for *tekhelet* cite the following proofs: 1. Its color is identical to the dye extracted from the *kela ilan* plant mentioned in *Menaḥot* (42b–43a) as a false substitute for *tekhelet*. 2. *Shabbat* (26a) states that the *ḥilazon* was found between Tzor and Haifa, as is the murex today. 3. *Shabbat* (75a) states that the dye must be extracted while the animal is alive. Indeed, the quality of the murex dye degrades within two hours after death. For additional proofs and more information see Menachem Epstein, "Has Tekhelet Been Found?" *Ḥakirah* 3, 2006.

While the use of this *tekhelet* has gained many followers among the national religious Zionists in Israel (and among the Modern Orthodox in America) it has gained much fewer followers in the *ḥaredi* world, who argue that we have no *mesorah* for the true *tekhelet*.

---

35 אבל הזכרון הוא בחוט התכלת שרומז למדה הכוללת הכל שהיא בכל והיא תכלית הכל, ולכן אמר וזכרתם את כל, שהיא מצות ה' וזהו שאמרו, מפני שהתכלת דומה לים וים דומה לרקיע ורקיע דומה לכסא הכבוד וכו' והדמיון בשם, גם הגוון תכלית המראה, כי בריחוקם יראו כולם כגוון ההוא, ולפיכך נקרא תכלת (רמב"ן שם).

שחרית

וּרְאִיתֶם אֹתוֹ (המשך)

Takeaway. During our discussion, one of our participants expressed surprise that the non-kosher murex would be used for a mitzvah. Another participant responded that the **שני תולעת** (*kermes biblicus* or crimson worm) from which red dye was made for the *mishkan* curtains was also non-kosher. (See Yehuda Feliks, *Plants and Animals in the Mishna*, 1983, p. 281). Everything in the world, whether kosher or not, can be used for either good or bad. The choice is ours. Everything in the world is part of the beautiful whole created by God. ☙

שחרית

פּוֹדֵנוּ וּמַצִּילֵנוּ מֵעוֹלָם הוּא שְׁמֶךָ

עַל הָרִאשׁוֹנִים וְעַל הָאַחֲרוֹנִים דָּבָר טוֹב וְקַיָּם לְעוֹלָם וָעֶד: אֱמֶת וֶאֱמוּנָה חֹק וְלֹא יַעֲבוֹר. אֱמֶת שָׁאַתָּה הוּא יי אֱלֹהֵינוּ וֵאלֹהֵי אֲבוֹתֵינוּ. מַלְכֵּנוּ מֶלֶךְ אֲבוֹתֵינוּ. גּוֹאֲלֵנוּ גּוֹאֵל אֲבוֹתֵינוּ. יוֹצְרֵנוּ צוּר יְשׁוּעָתֵנוּ. **פּוֹדֵנוּ וּמַצִּילֵנוּ מֵעוֹלָם הוּא שְׁמֶךָ**, וְאֵין לָנוּ עוֹד אֱלֹהִים זוּלָתֶךָ סֶלָה:

Our bolded phrase above is usually translated something like:

> our Liberator and our Rescuer—this has ever been Your Name. (ArtScroll, *Siddur Kol Ya'akov*, p. 94)

Q. What does it mean that God's name has always been 'our Liberator and our Rescuer'?

A. In English the word 'name' refers to either a person's name or to their reputation. Similarly, in Hebrew the word שם refers to either a person's (or God's) name or their reputation.[36]

In Biblical Hebrew, there is no word that specifically means reputation. When we come across the word שם, we, therefore, need to determine, based on its context, whether it means name or reputation.

In the above phrase פודנו ומצילנו מעולם הוא שמך the word שמך should be translated as 'reputation,' and the phrase should be translated as 'You (Hashem) have always had a reputation for being our liberator and our rescuer.' Translating this as 'name' as is done in most Hebrew/English *Siddurim* is too limiting.

Taking this a step further: When Moshe is speaking to God he asks, "When they say to me 'What is His name?' what should I tell them?"[37] Perhaps what Moshe is saying is that *B'nai Yisrael* are asking, 'What is His reputation?' What has He accomplished? The answer given is 'I will be that I will be.'[38] It is not what I have done in the past but what I will do for them in the future.

---

36 טוֹב שֵׁם מִשֶּׁמֶן טוֹב וְיוֹם הַמָּוֶת מִיּוֹם הִוָּלְדוֹ (קהלת ז:א).

37 וַיֹּאמֶר מֹשֶׁה אֶל הָאֱלֹהִים הִנֵּה אָנֹכִי בָא אֶל בְּנֵי יִשְׂרָאֵל וְאָמַרְתִּי לָהֶם אֱלֹהֵי אֲבוֹתֵיכֶם שְׁלָחַנִי אֲלֵיכֶם וְאָמְרוּ לִי מַה שְּׁמוֹ מָה אֹמַר אֲלֵהֶם (שמות ג:יג).

38 וַיֹּאמֶר אֱלֹהִים אֶל מֹשֶׁה אֶהְיֶה אֲשֶׁר אֶהְיֶה וַיֹּאמֶר כֹּה תֹאמַר לִבְנֵי יִשְׂרָאֵל אֶהְיֶה שְׁלָחַנִי אֲלֵיכֶם (שמות ג:יד).

פּוֹדֵנוּ וּמַצִּילֵנוּ מֵעוֹלָם הוּא שְׁמֶךָ (המשך)

Takeaway: Kabbalists have ingrained in us the significance and power of God's name. Whenever we come across 'God's Name' we therefore automatically assume it means literally 'His Name.' To counter this tendency, we should always ask ourselves if perhaps in its context it really means 'God's reputation,' as it does here. ☙

שמנה עשרה

There are many versions today of *Shemoneh Esreh: Nusaḥ Sefarad*, *Nusaḥ Ashkenaz*, and various others. Are any of these the original version of *Shemoneh Esreh*? If not, are any of our current versions more authentic than others? What might the original *Shemoneh Esreh* have looked like?

Although there is no statement in either *Talmud Bavli* or *Talmud Yerushalmi* that spells out the exact text of *Shemoneh Esreh,* there are some clues. First, however, we need to establish when *Shemoneh Esreh* was formulated. In *Yerushalmi Berakhot* 2:4, 4d we find:

> א"ר ירמיה מאה ועשרים זקנים ומהם שמונים וכמה נביאים התקינו את התפילה הזאת.
>
> R. Yirmiyah said, one hundred and twenty Elders among whom were eighty or so prophets established this [*Shemoneh Esreh*] prayer.

In *Bavli Berakhot* 28b we find:

> ת"ר שמעון הפקולי הסדיר י"ח ברכות לפני רבן גמליאל על הסדר ביבנה.
>
> The rabbis taught: Shimon Ha-Pekuli organized sequentially eighteen blessings before Rabban Gamliel in Yavneh.

In *Bavli Megillah* 17b we have another account which supports both of these opinions:

> דתניא שמעון הפקולי הסדיר שמונה עשרה ברכות לפני רבן גמליאל על הסדר ביבנה. אמר רבי יוחנן ואמרי לה במתניתא תנא מאה ועשרים זקנים ובהם כמה נביאים תיקנו שמונה עשרה ברכות על הסדר.
>
> We learned [in a *beraita*]: Shimon Ha-Pekuli organized sequentially eighteen blessings before Rabban Gamliel in Yavneh. R. Yoḥanan said or alternately it was learned in a [*beraita*], one hundred and twenty Elders among whom were prophets established the sequence of the eighteen blessings.

שמנה עשרה (המשך)

We thus have two accounts of the establishment of the *Shemoneh Esreh*: by a hundred and twenty Elders (at the beginning of the Second *Beit Ha-Mikdash*, see Rambam[39] and Rashi[40]) and during the reign of Rabban Gamliel II of Yavneh (ca. 80–110 CE, after the destruction of the Second *Beit Ha-Mikdash*). In *Bavli Megillah* 18a, as a follow-up to the above, the Gemara asks which of these two timeframes is correct. The Gemara answers that it was originally established during the earlier period, but it was subsequently forgotten and was recreated during the later period:

> וכי מאחר דמאה ועשרים זקנים ומהם כמה נביאים תקנו תפלה על הסדר שמעון הפקולי מאי הסדיר? שכחום וחזר וסדרום.
>
> If one hundred and twenty Elders among whom were many prophets organized the prayer sequentially, then what did Shimon Ha-Pekuli do? They were forgotten and he rearranged them.

Assuming the later date of creation, what might *Shemoneh Esreh* have looked like at that point? *Yerushalmi Berakhot* 2:4, 4d contains the following statement attributed to R. Yehoshua b. Levi in approximately 220–250 CE, a little more than 100 years after the time of Rabban Gamliel II of Yavneh:

> ר' אחא בשם ר' יהושע בן לוי, אף משהתקין את התפילה הזאת על הסדר התקינה: שלש ברכות ראשונות ושלש ברכות האחרונות שבחו של מקום, והאמצעיות צרכן שלבריות,
>
> **חננו דיעה**, חננתנו דיעה
> **רצה תשובתינו**, רצית תשובתינו
> **סלח לנו**, סלחת לנו
> **גאלינו**, גאלתנו
> **רפא חליינו**, ריפית חליינו
> **ברך שנותינו**, בירכת שנותינו
> **קבצינו**, קיבצתנו
> **שופטינו בצדק**, שפטתנו בצדק
> **הכנע קמינו**, הכנעת קמינו

39 וכיון שראה עזרא ובית דינו כך, עמדו ותקנו להם שמנה עשרה ברכות על הסדר (רמב"ם, הלכות תפילה א:ד).

40 בתחלה כשעלו מן הגולה והיו דחוקים (רש"י ברכות לד עמוד א').

שמנה עשרה (המשך)

צדקינו במשפט, צידקתנו
בנה ביתך, ושמע עתירתינו, ורצינו בתוכו.
לית צורכיה דבנה ביתך ושמע עתירתינו ורצינו בתוכו?
אלא כמה דאישתעי קרייא כן אשתעייא מתניתא
(ישעיהו נו) והביאותים אל הר קדשי ושימחתים בבית תפילתי.

One approach to understanding the indented lines above is that each is a petition to God for the future and an acknowledgment of His help in the past. For example, we ask God to grant us knowledge, and we thank Him for having granted us knowledge in the past. We ask Him to accept our repentance, and we thank Him for having accepted our repentance in the past, etc.

I believe that the bolded text in each indented phrase above is very similar to the original text of the *Shemoneh Esreh* ca. 220 – 250 CE. This is supported when we analyze different versions of the blessings found in the Cairo Genizah. Let us take, for example, the blessing of ראה בענינו. We start with the blessing as referred to in the *Yerushalmi*, and we follow it with 5 different versions found in the Cairo Genizah

Yerushalmi		גאלינו	
Camb, CUL: Add.3160.6		גאול משחת חיינו	
Camb, CUL: T-S K27.33		גואלינו מהרה למען שמך	
Camb, CUL: T-S 8H9.4		וגאלינו למען שמך	ראה בענינו וריבה ריבנו
Camb, CUL: Add.3160.8	כי גואל מעולם נקראתה	וגאלינו מהרה למען שמך	ראה בענינו וריב ריבנו
Camb, CUL: T-S 8H10.6	כי גואל חזק אתה	וגאלנו מהרה למען שמך	ראה בענינו וריבה ריבנו

Notice that each version of this blessing found in the Genizah has some form of the word **גאלינו** as found in the Yerushalmi. Over time, however, additional words were added. This pattern holds true for most of the other intermediate *Shemoneh Esreh* blessings (i.e., blessings 4–15) as well. We can therefore conclude that blessings four through thirteen of *Shemoneh Esreh* may have once been as follows:

שחרית

שמנה עשרה (המשך)

Acknowledgment Part		*Supplication Part*	#
חונן הדעת	ברוך אתה ייי	חנינו דעה	4
הרוצה בתשובה	ברוך אתה ייי	רצה תשובתינו	5
[ה]מרבה לסלוח	ברוך אתה ייי	סלח לנו	6
גואל ישראל	ברוך אתה ייי	גאלינו	7
רופא חולים	ברוך אתה ייי	רפא חליינו	8
מברך השנים	ברוך אתה ייי	ברך שנותינו	9
מקבץ נדחי ישראל	ברוך אתה ייי	קבצינו	10
אהב המשפט	ברוך אתה ייי	שופטינו בצדק	11
מכניע זידים	ברוך אתה ייי	הכנע קמינו	12
מבטח לצדיקים	ברוך אתה ייי	צדקינו	13

This is a brief summary of a detailed 44-page article by Heshey Zelcer, "Shemoneh Esreh in Eretz Yisrael ca. 220–250 CE," *Ḥakirah* 14, 2012.

Takeaway. Prayers from our *Siddur* that were taken from Tanakh appear in our *Siddur* exactly as they do in Tanakh. No verse from Tanakh was ever changed. The text of *Shemoneh Esreh*, however, kept changing, evolving and growing over the generations. ☙

שחרית

שמנה עשרה—הרוצה בתשובה

The *Amidah* prayer, the central focus of our daily prayers, is divided into three sections: praise of God (the first three blessings), petitions (the next thirteen blessings, originally twelve) and thanksgiving (the final three blessings).

In the second section, which contains our petitions, each blessing consists of two parts. The part until but not including ברוך אתה יי, and the part starting with ברוך אתה יי. There are two ways the commentators understand the format of these blessings. One approach is that it is a sequential list of asking something of God, and then after acknowledging that the request was granted asking Him to fulfill our next request. We thus, for example, ask God for knowledge and after acknowledging that He indeed gave us knowledge we move on to ask Him to accept our repentance, etc.[41]

The second approach is that each of the blessings is a request from God for the future and an acknowledgment that He helped us in the past. We thus ask God to grant us knowledge, and we thank Him for having granted us knowledge in the past. We ask Him to accept our repentance, and we thank Him for having accepted our repentance in the past, etc.[42]

Q. All intermediate blessings follow the above pattern, except for one, the blessing הרוצה בתשובה dealing with repentance. We ask Hashem to bring us near Him, to bring us back in wholehearted repentance. But this petition ends differently. It ends by saying that Hashem desires penitence. Why is this blessing different from all the others?

A. Hashem does not grant repentance. He *cannot* grant it. True wholehearted repentance can only come from ourselves. We ask Hashem to *help* us come back but only we ourselves can do the work.

41 חנינו דיעה חננתנו דיעה רצה תשובתנו. כלומר היינו על הסדר דקאמר שאנו מתפללין חנינו דיעה וכיון שחננתנו דעה אנו מתפללין רצה תשובתינו וכיון שרצית תשובתינו אנו מתפללים סלח לנו עונותינו וכן כולם נמצא שאמצעות על הסדר תקנו וכולן שייכים זה אחר זה דכיון שאין דיעה לא ידע לשוב וכיון שעשה תשובה לכך תסלח לעונו וכן כולם שייכים זה אחר זה (מהר"א פולדא, ירושלמי ברכות, פרק ב הלכה ד).

42 חנינו דעה חננתנו דיעה. כלומר חננו דיעה כמו שחננתנו לשעבר וכן כולם (פני משה שם).

שמנה עשרה—הרוצה בתשובה (המשך)

(The earliest version of the blessing for repentance as found in *Yerushalmi Berakhot*, see p. 45 above, does not ask Hashem to help us with our repentance but rather that רצה תשובתינו, that our repentance find favor in His eyes. In this version, the opening part of the blessing, רצה תשובתינו is consistent with the closing part of the blessing, הרוצה בתשובה.)

Takeaway. We cannot and dare not request from Hashem what we ourselves were meant to accomplish. Our spiritual growth, our maturity, our responsibility to family, friends and community are all a function of our hard work and commitment. ☙

יִהְיוּ לְרָצוֹן אִמְרֵי פִי

אלהי נצור
יהיו לרצון אמרי פי והגיון לבי לפניך
יי צורי וגאלי

עשה שלום במרומיו הוא יעשה שלום
עלינו ועל כל ישראל ואמרו אמן

קדיש תתקבל
תתקבל צלותהון ובעותהון דכל בית
ישראל קדם אבוהון די בשמיא ואמרו אמן

עשה שלום במרומיו הוא יעשה שלום
עלינו ועל כל ישראל ואמרו אמן

The *Shemoneh Esreh* is our quintessential prayer through which we praise God and ask Him for our various needs. Following *Shemoneh Esreh* within both אלהי נצור and קדיש תתקבל, we ask God to accept these prayers: in the former as an individual asking God to accept our prayers on behalf of **our self**, in the latter by the *ḥazan* asking God to accept our prayers on behalf of the **congregation**.

Barukh She-Amar[43] notes that when the *sheliaḥ tzibur* repeats the *Shemoneh Esreh* he does not say עושה שלום or take three steps back, because he will eventually be doing this when he recites קדיש תתקבל (even though there are intervening prayers and a significant time-lapse between *Shemoneh Esreh* and קדיש תתקבל). This is because the עושה שלום that we recite within אלהי נצור parallels the verse עושה שלום he will be reciting within קדיש תתקבל.

Barukh She-Amar[44] points out, however, that sometimes *Shaḥarit* is split among two different people. One will be the *shaliaḥ tzibur* until after *Taḥanun* and the next will take over at *Ashrei u-va le-Tzion*. In that case, the first person should recite עשה שלום and take three steps back because he will not be saying it in קדיש תתקבל.

43 כידוע כאן פוסע המתפלל שלש פסיעות לאחוריו. ובשו"ע או"ח סימן קכג סעיף ה' פסקו דהש"ץ אין צריך לפסוע. וכתבו המפרשים בטעם הדבר משום דסומך על הקדיש דתתקבל שיאמר אחר ובא לציון גואל, ואז יפסוע אבל עתה אחרי כי כשחוזר התפלה אינו אומר עושה שלום, כי מסיים התפלה בברכת שים שלום—אין צריך לפסוע (ברוך שאמר קנג).

44 והנה זה פשוט ומבואר. אבל ראוי להעיר כי לפי הנהוג אצלנו שכמה פעמים לאחר שחזר הש"ץ על תפלת שמו"ע מניח את מקומו לפני העמוד ויבא אחר תחתיו, וזה יקרה לפעמים קרובות כשיש שני אבלים או שני בעלי זכרונות לנפטרים (מה שקוראים יאהר=צייט), או אבל אחד ויאהרצייט אחד, ואז יחלקו ביניהם את סדר התפלה לפני העמוד, אחד מתפלל עד אחר שמו"ע ותחנון, והשני מן אשרי ובא לציון גואל עד גמר התפלה, ובאופן זה הלא לא יאמר הראשון (זה שהתפלל שמו"ע) קדיש תתקבל, ואם כן בדין הוא שיפסע שלש פסיעות בגמר חזרתו שמו"ע ויאמר עושה שלום. וזה לא נתברר בפוסקים, וגם לא נתעוררו על זה, בעוד שזה יקרה לפעמים קרובות מאוד, כפי שנתבאר, וראוי לעמוד על זה (ברוך שאמר קנג).

שחרית

יִהְיוּ לְרָצוֹן אִמְרֵי פִי (המשך)

It should be noted that *Barukh She-Amar* only discusses עושה שלום and taking three steps back. What he says, however, also applies to יהיו לרצון, because it too parallels the תתקבל צלותהון in קדיש תתקבל.

Takeaway. The purpose of *Kaddish Titkabel* is to beseech God to accept our prayers as we had just expressed them in our quintessential prayer, the *Shemoneh Esreh*. The only other times we recite *Kaddish Titkabel* is after *seliḥot*, which in a way parallels the function of *Shemoneh Esreh*. The only time, according to some, that we do not recite *Kaddish Titkabel* is after *Shemoneh Esreh* during *Ma'ariv* on the eve of *Tish'ah Be-Av* and during *Shaḥarit* the following morning—clearly not auspicious times to beseech God to accept our supplications.[45] ☙

---

45 ולענ"ד היה נראה שלא לומר תתקבל אחר שמונה עשרה בערבית, וזהו השינוי מכל הימים, ורבינו הב"י בספרו הגדול הביא באמת שיש מקומות שעושין כן ע"ש, וזה שכתב הטור שאומרים קדיש שלם י"ל שאין כוונתו על תתקבל אלא שלא יאמר חצי קדיש, ועיין מ"ש בסימן תרצ"ג. (ערוך השלחן, תקנט ס' ג).

תחנון—וַיֹּאמֶר דָּוִד אֶל גָּד

David said to Gad	וַיֹּאמֶר דָּוִד אֶל גָּד
"I am in great distress.	צַר לִי מְאֹד
Let us fall into the hand of the Lord,	נִפְּלָה נָא בְיַד יְיָ
For His compassion is great;	כִּי רַבִּים רַחֲמָיו
And let me not fall into the hands of men."	וּבְיַד אָדָם אַל אֶפֹּלָה

Siddur Rav Shabtai Sofer does not include the verse *Va-yomer David el Gad* prior to *Taḥanun*. *Siddur Otzar ha-Tefillot*[46] does include it prior to *Taḥanun* but notes that Gra said not to recite it. *Siddur Tzlota d-Avraham*[47] has our text in parentheses and notes that certain *Siddurim* include it while others do not. He ends by saying that *Siddur Rav Shabtai Sofer* stresses not to say it, and Gra likewise said not to. The *Arukh Ha-Shulḥan*[48] rules that it is our custom not to recite it. ArtScroll discusses the relevance of this verse to *Taḥanun* but does not mention that some authorities opposed reciting it before *Taḥanun*.

Q. What is it about this verse that caused some of our sages to oppose reciting it as part of *Taḥanun*?

A. The verse is found at the end of II Shmuel 24. To summarize its context:

46 קודם רחום וחנון יאמר הפסוק הזה [ובשם הגאון מהר"א ווילנא זצ"ל כתבו דלא לומר פסוק זה רק רחום וחנון. וכן ראיתי בסידור שעה"ש] (סידור אוצר התפילה).

47 **ויאמר דוד.** פסוק בשמואל ב, כד יד. הוזכר בקיצור של"ה (דפוס ראשון, אמסטרדם תסא) בשם עולת תמיד (ראה ערכו במערכת ספרים להחיד"א). לעומת זה לא הוזכר "שער השמים" להשל"ה. גם בשאר סידורי המקבלים ובספר משנת החסידים לא מובא, וגם בסידור המקובל ר' שבתי מרשקוב הודגש שלא לאמר אותו. וכמ"כ הגר"א (במעשה רב) "לא יאמר הפסוק ויאמר דוד שנאמר גבי פרעניות, רק יתחיל רחום וחנון"... (סידור צלותא דאברהם).

48 אבל מנהגינו לומר מזמור רחום וחנון חטאתי וגו' עד יבושו רגע (תהלים ו), ויש אומרים מקודם פסוק ויאמר דוד אל גד צר לי מאוד וגו' (שמואל ב' כד יד) ואנו אין נוהגים לאמרו... (ערוך השלחן קלא:ח).

תחנון—וַיֹּאמֶר דָּוִד אֶל גָּד (המשך)

It occurs to David ha-Melekh to take a census of the people and he instructs his army commander Joab to do so. The census tallies 800,000 in the Northern Kingdom of Israel and 500,000 in Judah. Afterwards, David understands that taking the census was a sin. The prophet Gad tells David that to atone he needs to choose one of three punishments: seven years of famine, three months in flight from his adversaries or three days of pestilence. At this point David proclaims, "I am in great distress. Let us fall into the hand of the Lord, for His compassion is great; And let me not fall into the hand of man." He then chooses three days of pestilence which kills 7,000 people. This explains the reluctance of some of our sages to recite this verse prior to *Taḥanun*.[49]

Takeaway: Although the verse *Va-yomer David el Gad* is included today in most *Siddurim* as part of *Taḥanun*, some of our sages opposed reciting it. We do not want to mention being punished by a plague when we are beseeching God for His mercy and forgiveness. ☙

49 **ויאמר דוד אל גד צר לי מאוד נפלה נא ביד ה'.** במנהגי התפלה להגר"א כתוב, שלא לאמר פסוק זה, ולא נתבאר הטעם. ואפשר לומר בכונתו, משום דפסוק זה נאמר בהמשך להמסופר בש"ב (כ"ד) כי לאחר שחטא דוד במה שמנה את ישראל, כי אסור למנות את ישראל (יומא כ"ב ב') אמר לו הנביא גד, כי יברר לו לעונש אחת משלש אלה, או כי יהיה בארצו דבר ג' ימים, או כי יהיה רעב בארצו, או כי ימות במלחמה, ועל זה ענה דוד, נפלה נא ביד ה', ופירוש באגדות, דכיון בזה לברור ביותר מכת דבר, כי אמר, אם אני בורר רעב, יאמרו כי אני בוטח בעשרי, ואם אני בורר חרב, יאמרו, כי אני בוטח בגבורים שלי, שלא יתנו להרגני, אברר לי דבר שהכל שוין בו, והיינו מכת דבר. וזהו הבאור נפלה נא ביד ה', מן עונש שתלוי כולו בו לבד, ואין לסמוך כלל על עזרת אנשים, ע"כ. ולכן מכיון שבלשון הפסוק הזה כלול מכת דבר, אין נכון לאמרו בדרך תפלה, וכעין צ"ש במס' רה"ש (ל"ב ב') אדכורי ריתחא בריש שתא לא מדכרינן, ופשוט, דאם אפשר למנוע מזה גם בכל השנה, טוב ונכון (ברוך שאמר קסט).

תחנון—וַאֲנַחְנוּ לֹא נֵדַע מַה נַּעֲשֶׂה

רַחוּם וְחַנּוּן חָטָאתִי לְפָנֶיךָ. יי מָלֵא רַחֲמִים. רַחֵם עָלַי וְקַבֵּל תַּחֲנוּנָי: יי אַל בְּאַפְּךָ תוֹכִיחֵנִי. וְאַל בַּחֲמָתְךָ תְיַסְּרֵנִי: חָנֵּנִי יי כִּי אֻמְלַל אָנִי. רְפָאֵנִי יי כִּי נִבְהֲלוּ עֲצָמָי: וְנַפְשִׁי נִבְהֲלָה מְאֹד. וְאַתָּה יי עַד מָתָי: שׁוּבָה יי חַלְּצָה נַפְשִׁי. הוֹשִׁיעֵנִי לְמַעַן חַסְדֶּךָ: כִּי אֵין בַּמָּוֶת זִכְרֶךָ. בִּשְׁאוֹל מִי יוֹדֶה לָּךְ: יָגַעְתִּי בְּאַנְחָתִי. אַשְׂחֶה בְכָל לַיְלָה מִטָּתִי. בְּדִמְעָתִי עַרְשִׂי אַמְסֶה: עָשְׁשָׁה מִכַּעַס עֵינִי. עָתְקָה בְּכָל צוֹרְרָי: סוּרוּ מִמֶּנִּי כָּל פֹּעֲלֵי אָוֶן. כִּי שָׁמַע יי קוֹל בִּכְיִי: שָׁמַע יי תְּחִנָּתִי. יי תְּפִלָּתִי יִקָּח: יֵבֹשׁוּ וְיִבָּהֲלוּ מְאֹד כָּל אֹיְבָי. יָשֻׁבוּ יֵבֹשׁוּ רָגַע:

Arukh ha-Shulḥan explains that we *daven* sitting, standing, and finally we fall on our face.[50] During the *Shema* and its *berakhot* we sit; during *Shemoneh Esreh* we stand; and during *Taḥanun* we fall on our face. We find an allusion to these three modes of prayer in the way Moshe prayed to Hashem. *Arukh ha-Shulḥan* explains that while we say **ואנחנו לא נדע מה נעשה**, we know not what to do, we arise from our sitting position and we stand up. Why? To signify that we tried everything. We prayed sitting, standing and fallen on our face. In exasperation we proclaim that we do not know what else we can possibly do to petition Hashem. We place our destiny totally in His hands.

Q. Why do we fall on our face when we say *Taḥanun*?

A. In addition to the reason presented above for the three modes of prayer, perhaps, we can also say (homiletically) that we fall on our face to show our embarrassment. In *Shemoneh Esreh* we pray for everyone. In *Taḥanun* we pray only for ourselves (first person singular). We are embarrassed with our focus on me, me, me and we hide our face in shame.

Takeaway: When praying, it is a Jewish ideal to pray not just for ourselves and our family, but for everyone. In our quintessential prayer, the *Shemoneh Esreh,* all the blessings are written in the plural form, beseeching God on behalf of all of us. ☙

---

50 ולאחר שיסיים שליח ציבור חזרת התפילה – נופלים על פניהם ומתחננים. וענין נפילת אפים הוא כדי שיסדר התפילה בשלושה סדרים: תחילה תפילה דמיושב והיינו עד שמונה עשרה, ואחר כך תפילה דמעומד, ואחר כך נפילת אפים, כמו שעשה משה רבינו דכתיב: "ואשב בהר"; וכתיב: "ואנכי עמדתי בהר... ואתנפל לפני ה'" (טור). ולכן אומרים אחר כך "ואנחנו לא נדע מה נעשה", כלומר: התפללנו בכל אופן היכולת, ויותר מזה לא נדע מה נעשה, ורק עליך עינינו (כן משמע בטור, עיין שם) (ערוך השלחן סי' קלא סעיף א').

שחרית

הוצאת ספר תורה—בריך שמה

בְּרִיךְ שְׁמֵהּ דְּמָרֵא עָלְמָא, בְּרִיךְ כִּתְרָךְ וְאַתְרָךְ. יְהֵא רְעוּתָךְ עִם עַמָּךְ יִשְׂרָאֵל לְעָלַם וּפוּרְקַן יְמִינָךְ אַחֲזֵי לְעַמָּךְ בְּבֵית מַקְדְּשָׁךְ וּלְאַמְטוּיֵי לָנָא מִטּוּב נְהוֹרָךְ וּלְקַבֵּל צְלוֹתָנָא בְּרַחֲמִין. יְהֵא רַעֲוָא קֳדָמָךְ דְּתוֹרִיךְ לָן חַיִּין בְּטִיבוּתָא, וְלֶהֱוֵי אֲנָא פְקִידָא בְּגוֹ צַדִּיקַיָּא, לְמִרְחַם עָלַי וּלְמִנְטַר יָתִי וְיַת כָּל דִּי לִי וְדִי לְעַמָּךְ יִשְׂרָאֵל. אַנְתְּ הוּא זָן לְכֹלָּא וּמְפַרְנֵס לְכֹלָּא, אַנְתְּ הוּא שַׁלִּיט עַל כֹּלָּא, אַנְתְּ הוּא דְשַׁלִּיט עַל מַלְכַיָּא, וּמַלְכוּתָא דִּילָךְ הִיא.אֲנָא עַבְדָּא דְקֻדְשָׁא בְּרִיךְ הוּא דְּסָגִידְנָא קַמֵּהּ וּמִקַּמֵּי דִּיקַר אוֹרַיְתֵהּ בְּכָל עִדָּן וְעִדָּן, **וְלָא עַל בַּר אֱלָהִין סָמִיכְנָא**, אֶלָּא בֶּאֱלָהָא דִשְׁמַיָּא דְּהוּא אֱלָהָא קְשׁוֹט וְאוֹרַיְתֵהּ קְשׁוֹט וּנְבִיאוֹהִי קְשׁוֹט, וּמַסְגֵּא לְמֶעְבַּד טַבְוָן וּקְשׁוֹט. בֵּהּ אֲנָא רָחִיץ, וְלִשְׁמֵהּ קַדִּישָׁא יַקִּירָא אֲנָא אֵמַר תֻּשְׁבְּחָן.

In the Aramaic phrase highlighted above, *bar Elohin* translates literally as 'son of God' and the entire phrase as: 'And neither do we rely upon a son of God.' This is troublesome. Declaring I do not rely on it could imply that I believe that it does exist.

The Hebrew equivalent of *bar Elohin*, in its plural form, is *b'nai Elohim*, the sons of God. This phrase is found in the Torah (Genesis 6:2,4)[51] in a discussion of the Nephilim, the fallen ones. *Midrash Rabbah* (26:5)[52] citing R. Shimon b. Yoḥai explains that *B'nai Elohim* refers to court members and R. Shimon b. Yoḥai curses anyone who translates this literally as sons of God. The *Zohar* on Genesis 6:2,[53] however, assumes that *B'nai Elohim* are heavenly angels that fell to the earth.

51 א וַיְהִי כִּי הֵחֵל הָאָדָם לָרֹב עַל פְּנֵי הָאֲדָמָה; וּבָנוֹת יֻלְּדוּ לָהֶם. ב **וַיִּרְאוּ בְנֵי הָאֱלֹהִים אֶת בְּנוֹת הָאָדָם** כִּי טֹבֹת הֵנָּה; וַיִּקְחוּ לָהֶם נָשִׁים מִכֹּל אֲשֶׁר בָּחָרוּ. ג וַיֹּאמֶר ה' לֹא יָדוֹן רוּחִי בָאָדָם לְעֹלָם, בְּשַׁגַּם הוּא בָשָׂר; וְהָיוּ יָמָיו מֵאָה וְעֶשְׂרִים שָׁנָה. ד הַנְּפִלִים הָיוּ בָאָרֶץ, בַּיָּמִים הָהֵם, וְגַם אַחֲרֵי כֵן אֲשֶׁר יָבֹאוּ בְּנֵי הָאֱלֹהִים אֶל בְּנוֹת הָאָדָם, וְיָלְדוּ לָהֶם: הֵמָּה הַגִּבֹּרִים אֲשֶׁר מֵעוֹלָם אַנְשֵׁי הַשֵּׁם (בראשית ו').

52 **ויראו בני האלהים** .רבי שמעון בן יוחאי קרא להון בני דייניא. רבי שמעון בן יוחאי מקלל לכל מאן דקרא להון בני אלהיא (מ"ר כו:ה).

53 **ויראו בני האלהים את בנות האדם כי טובות הנה**, אלה הן מאותן הנפילים שנפלו מלמעלה. שכאשר בקש הקב"ה לברוא אדם, שאמר נעשה אדם בצלמנו וגו' בקש לעשות אותו ראש על עליונים, להיות הוא נגיד ומצוה על כלם, ולהיות הם נפקדים על ידו, כדמיון יוסף שנאמר בו ויפקד פקידים על הארץ. ואלה המלאכים קטרגו לו ואמרו מה אנוש כי תזכרנו וגו', שעתיד לחטוא לפניך. אמר להם הקב"ה אם אתם הייתם למטה כמוהו יותר הייתם חוטאים ממנו. מיד ויראו בני האלהים את בנות האדם וגו' חשקו בהם, והפילם הקב"ה למטה והסגירם בשלשלאות והם עז"א ועזא"ל, שמהם נשמות הערב רב, שנקראים נפילים, על שהפילו עצמם לזנות אחר נשים היפות (זוהר בראשית הסולם).

הוצאת ספר תורה—בריך שמה (המשך)

Q. *Barukh She-Amar*[54] asks: Normally it wouldn't bother us that two midrashic statements contradict each other. The *Zohar*, however, is attributed to R. Shimon b. Yoḥai. How is it possible that in *Midrash Rabbah* R. Shimon b. Yoḥai translates *b'nai Elohim* as 'court members' while the *Zohar,* which is attributed to the same R. Shimon b. Yoḥai, translates it as angels?

A. *Barukh She-Amar* answers: Although the *Zohar* is attributed to R. Shimon b. Yoḥai, some of its statements originated from other sages and over time they were inserted into the *Zohar* without attribution.

Takeaway: Although *bar elohin* translates literally as 'son of God,' our sages understood it to mean either angel of God or a court justice. The concept of a literal 'son of God' is alien to Judaism, and it is idolatrous. This is made clear, for example, in *Shir Ha-Shirim Rabbah* on the phrase *e'eleh be-tamar* (*Shir Ha-Shirim* 7:9), and similarly, in *Yerushalmi, Shabbat* Ch. 6, the final paragraph:[55]

> Rabbi Reuven said: At that moment (when Nebuchadnezzar said *bar elohin*) the angel Michael descended and slapped him across the mouth, and told him, "Hey, wicked one, putrid droplet, He has a son?! Recant, take back your words!"

For more information, see Aaron Sonnenschein, "B'rich Sh'meih in the Siddur HaSh'loh," *Hakirah*, vol. 1, 2004. ☙

---

54 אך זה יפלא מאוד, כי אעפ"י שיש כמה ענינים שעליהם מחולק הזהר עם התלמוד, ואין אנו מתפלאים כלל על זה, מפני כי בדברי אגדה יש מדרשות חלוקות, ואמרו בירושלמי חגיגה פ"א ה"א, אין משיבין מן האגדה ועל האגדה, ולכן לא נתפלא אם בתלמוד הבינו את שם בני האלהים למלאכים, ובמ"ר לשם בני דייניא, כמו שהבאנו למעלה, אך זה יפלא, כי הן כידוע, רבי שמעון בן יוחאי הוא מחבר ספר הזהר, ואיך זה הוא מפרש בזהר השם בני האלהים למלאכים, ובמ"ר שהבאנו מבואר שהיה מקלל לכל שמפרש כן (דבני אלהים ענינו מלאכים). ומי חכם ויפשר להתאים דברי רבי שמעון בן יוחאי בזוהר עם דבריו שלו במדרש רבה. ובהכרח צריך לומר, כי המאמר שבזהר הוא לאחד החכמים בזמן מאוחר מרשב"י, כאשר ידוע, כי בזהר נקבעו מאמרים מכמה חכמים כאלה ועם משך הזמן נסיחסו לרשב"י, וכן צריך לומר במה שהערנו כאן בהערה, ותסור הפליאה המבוארה שם (ברוך שאמר קעז-קעח).

55 אמר ראובן באותו שעה ירד מלאך וסטרו להוא רשיעה על פיו. א"ל תקין מיליך ובר אית ליה (ירושלמי שבת פרק ו סוף הלכה ט).

עלינו לשבח... ועל כן נקוה לך

וְעַל כֵּן נְקַוֶּה לְּךָ יי אֱלֹהֵינוּ, לִרְאוֹת מְהֵרָה בְּתִפְאֶרֶת עֻזֶּךָ, לְהַעֲבִיר גִּלּוּלִים מִן הָאָרֶץ, וְהָאֱלִילִים כָּרוֹת יִכָּרֵתוּן, לְתַקֵּן עוֹלָם בְּמַלְכוּת שַׁדַּי, וְכָל-בְּנֵי בָשָׂר יִקְרְאוּ בִשְׁמֶךָ, לְהַפְנוֹת אֵלֶיךָ כָּל רִשְׁעֵי אָרֶץ. יַכִּירוּ וְיֵדְעוּ כָּל יוֹשְׁבֵי תֵבֵל, כִּי לְךָ תִּכְרַע כָּל בֶּרֶךְ, תִּשָּׁבַע כָּל לָשׁוֹן. לְפָנֶיךָ יי אֱלֹהֵינוּ יִכְרְעוּ וְיִפֹּלוּ, וְלִכְבוֹד שִׁמְךָ יְקָר יִתֵּנוּ, **וִיקַבְּלוּ כֻלָּם אֶת עֹל מַלְכוּתֶךָ, וְתִמְלֹךְ עֲלֵיהֶם מְהֵרָה לְעוֹלָם וָעֶד. כִּי הַמַּלְכוּת שֶׁלְּךָ הִיא, וּלְעוֹלְמֵי עַד תִּמְלֹךְ בְּכָבוֹד, כַּכָּתוּב בְּתוֹרָתֶךָ: יי יִמְלֹךְ לְעוֹלָם וָעֶד: וְנֶאֱמַר: וְהָיָה יי לְמֶלֶךְ עַל כָּל הָאָרֶץ.** בַּיּוֹם הַהוּא יִהְיֶה יי אֶחָד וּשְׁמוֹ אֶחָד:

The recital of *Aleinu* concludes by expressing the two ideals of *Kaddish*—three times:

Everyone will recognize God's reign	וִיקַבְּלוּ כֻלָּם אֶת עֹל מַלְכוּתֶךָ
The recognition of God will be eternal	וְתִמְלֹךְ עֲלֵיהֶם מְהֵרָה לְעוֹלָם וָעֶד
Everyone will recognize God's reign	כִּי הַמַּלְכוּת שֶׁלְּךָ הִיא
The recognition of God will be eternal	וּלְעוֹלְמֵי עַד תִּמְלֹךְ בְּכָבוֹד
The recognition of God will be eternal	יי יִמְלֹךְ לְעוֹלָם וָעֶד
Everyone will recognize God's reign	וְהָיָה יי לְמֶלֶךְ עַל כָּל הָאָרֶץ

See our discussion later on יראו עינינו where we point out three places in our prayers where the two main ideals of *Kaddish* are expressed three times.

Takeaway. Our davening ends by repeating the two ideals of *Kaddish* three times. At some point in the development of the *Siddur* (perhaps during the period of the Geonim), it became important that these two ideals be highlighted during our *davening*. What brought this about? Further research is needed. ❧

מנחה

בבית האבל—מִכְתָּם לְדָוִד (תהלים טז)

א מִכְתָּם לְדָוִד: שָׁמְרֵנִי אֵל כִּי חָסִיתִי בָךְ.
ב אָמַרְתְּ לַיי, אֲדֹנָי אָתָּה; טוֹבָתִי, בַּל עָלֶיךָ.
ג לִקְדוֹשִׁים, אֲשֶׁר בָּאָרֶץ הֵמָּה; וְאַדִּירֵי, כָּל חֶפְצִי בָם.
ד יִרְבּוּ עַצְּבוֹתָם, אַחֵר מָהָרוּ:
בַּל אַסִּיךְ נִסְכֵּיהֶם מִדָּם; וּבַל אֶשָּׂא אֶת שְׁמוֹתָם עַל-שְׂפָתָי.
ה יי, מְנָת חֶלְקִי וְכוֹסִי אַתָּה, תּוֹמִיךְ גּוֹרָלִי.
ו חֲבָלִים נָפְלוּ לִי, בַּנְּעִמִים; אַף נַחֲלָת, שָׁפְרָה עָלָי.
ז אֲבָרֵךְ אֶת יי אֲשֶׁר יְעָצָנִי; אַף לֵילוֹת, יִסְּרוּנִי כִלְיוֹתָי.
ח שִׁוִּיתִי יי לְנֶגְדִּי תָמִיד: כִּי מִימִינִי, בַּל אֶמּוֹט.
ט לָכֵן, שָׂמַח לִבִּי וַיָּגֶל כְּבוֹדִי; אַף בְּשָׂרִי, יִשְׁכֹּן לָבֶטַח.
י כִּי, לֹא תַעֲזֹב נַפְשִׁי לִשְׁאוֹל; לֹא תִתֵּן חֲסִידְךָ, לִרְאוֹת שָׁחַת.
יא תּוֹדִיעֵנִי, אֹרַח חַיִּים שֹׂבַע שְׂמָחוֹת, אֶת-פָּנֶיךָ;
נְעִמוֹת בִּימִינְךָ נֶצַח.

In a mourner's home למנצח לבני קורח is recited at the end of *Shaḥarit* and at the end of *Minḥah*.[56] On a day when *Taḥanun* is omitted, however, it is customary to recite instead מכתם לדוד.

There are various phrases in מכתם לדוד whose meaning is unclear: In verse 2, to whom is the word אמרת referring? In the same verse, does טובתי בל עליך mean my good comes only from You or my good does not come from You? In verse 3, does לקדושים mean to the holy, or to the profane? Following are three very different interpretations:

> **Rashi**:[57] David is speaking to the Jewish People (alternately, to himself), 'You are my Lord. The good You do for us (me) is not because we (I) deserve it, but because of the holy ones buried in the ground.

56 בבית האבל בבוקר אחר שיר של יום ואחר מנחה אומרים זה (סדור אוצר התפלות, תמד). המקובל ר' אהרון ברכיה ממודינא מביאו בספרו הידוע "מעבר יבוק" כותב בכותרת שמעל גביו—"סדר ההשכבה שנהגו באיזה מקומות לאמרה בקבורת המת ובכל ז ימים בביתו אחר התפלה וכן בכל עת שהולכים לבקר המתים": המנהג, שלפיו היה הוא מוגבל, הפך במרוצת הימים למנהג קבוע ומקובל בכל תפוצות ישראל: מזכירו דרך אגב, בעל "לחם בית יהודה" לשו"ע יו"ד, סי' שעו, וראה קיצור שו"ע הל' אבלות (סדור צלותא דאברהם, תב).

57 אמרת לה' אדני אתה וגו'. לכנסת ישראל אמר דוד יש עליך לומר לה' אדון אתה וידך על העליונה לכל הבא עלי, ד"א אמרת לה' אדני אתה, לנפשו הי' אומר... (רש"י תהלים טז:ב).

בבית האבל—מִכְתָּם לְדָוִד (המשך)

Malbim:[58] You, idol worshippers, said to the Lord, 'You are my master but my good does not come from You; it comes from the idols in the land.'

R. S.R. Hirsch: "In a moment of weakness you (i.e., David) said to the Lord, 'Thou art my master, but my happiness does not rest with thee. It is through those holy ones who are part of the earthly world, and who are powerful therein, that all my desires are fulfilled'" (Psalms 16:2,3).

Takeaway: One might imagine that this Psalm is recited in a mourner's home because of the deceased's recent burial and the reference within this Psalm to 'the holy ones in the ground.' According to *Malbim* and R. Hirsch, however, this is definitely not the reason we recite it in a mourner's home. Most likely this Psalm is recited in a mourner's home because of verses 5 and 8, in which we place our hope and our trust in the hands of God. ☙

58 אמרת, עתה ידבר בנוכח אל אומה העובדת אלהים אחרים וחושבת למצוא מחסה באליליהם... (מלבים שם).

מעריב

בשמחה רבה

וֶאֱמוּנָה כָּל זֹאת וְקַיָּם עָלֵינוּ. כִּי הוּא יי אֱלֹהֵינוּ וְאֵין זוּלָתוֹ. וַאֲנַחְנוּ יִשְׂרָאֵל עַמּוֹ: הַפּוֹדֵנוּ מִיַּד מְלָכִים. מַלְכֵּנוּ הַגּוֹאֲלֵנוּ מִכַּף כָּל הֶעָרִיצִים. הָאֵל הַנִּפְרָע לָנוּ מִצָּרֵינוּ. וְהַמְשַׁלֵּם גְּמוּל לְכָל אוֹיְבֵי נַפְשֵׁנוּ: הָעוֹשֶׂה גְדוֹלוֹת עַד אֵין חֵקֶר. נִסִּים וְנִפְלָאוֹת עַד אֵין מִסְפָּר. הַשָּׂם נַפְשֵׁנוּ בַּחַיִּים. וְלֹא נָתַן לַמּוֹט רַגְלֵנוּ: הַמַּדְרִיכֵנוּ עַל בָּמוֹת אוֹיְבֵינוּ. וַיָּרֶם קַרְנֵנוּ עַל כָּל שׂוֹנְאֵינוּ: הָעוֹשֶׂה לָנוּ נִסִּים וּנְקָמָה בְּפַרְעֹה. אוֹתוֹת וּמוֹפְתִים בְּאַדְמַת בְּנֵי חָם. הַמַּכֶּה בְעֶבְרָתוֹ כָּל בְּכוֹרֵי מִצְרָיִם. וַיּוֹצֵא אֶת עַמּוֹ יִשְׂרָאֵל מִתּוֹכָם לְחֵרוּת עוֹלָם: הַמַּעֲבִיר בָּנָיו בֵּין גִּזְרֵי יַם סוּף. אֶת רוֹדְפֵיהֶם וְאֶת שׂוֹנְאֵיהֶם בִּתְהוֹמוֹת טִבַּע. וְרָאוּ בָנָיו גְּבוּרָתוֹ. שִׁבְּחוּ וְהוֹדוּ לִשְׁמוֹ: וּמַלְכוּתוֹ בְּרָצוֹן קִבְּלוּ עֲלֵיהֶם. **מֹשֶׁה וּבְנֵי יִשְׂרָאֵל לְךָ עָנוּ שִׁירָה בְּשִׂמְחָה רַבָּה. וְאָמְרוּ כֻלָּם: מִי כָמֹכָה בָּאֵלִים יי. מִי כָּמֹכָה נֶאְדָּר בַּקֹּדֶשׁ. נוֹרָא תְהִלֹּת עֹשֵׂה פֶלֶא:** מַלְכוּתְךָ רָאוּ בָנֶיךָ. בּוֹקֵעַ יָם לִפְנֵי מֹשֶׁה. זֶה אֵלִי עָנוּ. וְאָמְרוּ: יי יִמְלֹךְ לְעֹלָם וָעֶד: וְנֶאֱמַר. כִּי פָדָה יי אֶת יַעֲקֹב. וּגְאָלוֹ מִיַּד חָזָק מִמֶּנּוּ: בָּרוּךְ אַתָּה יי. גָּאַל יִשְׂרָאֵל:

In the above, the phrase בשמחה רבה can be understood as attached to the phrase before it (משה ובני ישראל לך ענו שירה בשמחה רבה, Moshe and *b'nai Yisrael* responded joyously with song) or to the phrase after it (בשמחה רבה ואמרו כלם, with great joy they all responded). The former way is preferable as it attributes the great joy to their singing of the *Shirah.* The English translations in our *Siddurim* reflect this correct way, although the parsing of the Hebrew text is sometimes ambiguous (e.g., in the ArtScroll *Siddur* there is a comma before and after the phrase בשמחה רבה)

Barukh She-Amar[59] points out that in our *Yom Tov nusaḥ* of *Ma'ariv* בשמחה רבה is always combined with ואמרו כלם, a misreading of its intent. Hum the *Yom Tov nusaḥ* to yourself, and you will notice this immediately.

Takeaway: The phrase בשמחה רבה is attached to the previous phrase משה ובני ישראל לך ענו שירה, Moshe and the Sons of Israel responded by singing with great joy. Attaching it to ואמרו כלם is wrong and does not work grammatically due to the following *vav* of ואמרו כלם. ☙

59 כאן יטעו קשה החזנים שמטים המלים "בשמחה רבה" למטה בדבק להמלים "ואמרו כולם", וקוראים ברמה "בשמחה רבה ואמרו כולם" בעוד שבאמת מוסבים המלים האלה (בשמחה רבה) למעלה להלשון "לך ענו שירה" כי הוא מורה לרגשי הנפש של משה וישראל בעת השירה ששרו בשמחה רבה, ואח"כ מתחיל הלשון ואמרו כולם שמוסב על למטה, על מי כמוכה באלים ה' (ברוך שאמר סוף ריח).

מעריב

יראו עינינו

In *Kaddish* we declare our belief that 1. There will come a time when God will be perceived as great and holy throughout the world, and 2. That this perception will endure forever.

The message of these two ideals is also found at other points in our prayers, usually at the end of a section of our prayer.

The first triple *Virtual Kaddish:* During *Shaḥarit*, toward the end of *Pesukei de-Zimrah,* before *Yishtabaḥ*, we find:

The Ideals of *Kaddish*	*Virtual Kaddish* (Bolded text)
God's reign endures forever	**יי ימלך לעולם ועד**
God's reign endures forever	**יי ימלך לעולם ועד**
God's reign endures forever	**יי מלכותה קאם לעלם ולעלמי עלמיא**
	[כי בא סוס פרעה ברכבו ובפרשיו בים
	וישב יי עליהם את מי הים
	ובני ישראל הלכו ביבשה בתוך הים]
Everyone will accept God's reign	**כי ליי המלוכה ומשל בגוים**
	ועלו מושעים בהר ציון לשפוט את הר עשו
Everyone will accept God's reign	**והיתה ליי המלוכה**
Everyone will accept God's reign	**והיה יי למלך על כל הארץ**
	ביום ההוא יהיה יי אחד ושמו אחד

The second triple *Virtual Kaddish:* During *Ma'ariv*, following *Kriat Shema u-birkhoteihah,* before *Shemoneh Esreh* we find:

The Ideals of *Kaddish*	*Virtual Kaddish* (Bolded Text)
	יראו עינינו וישמח לבנו ותגל נפשנו בישועתך באמת
Everyone will accept God's reign	**באמר לציון מלך אלהיך**[60]
God's reign endures forever	**יי מלך יי מלך יי ימלך לעולם ועד**
Everyone will accept God's reign	**כי המלכות שלך היא**
God's reign endures forever	**ולעולמי עד תמלוך בכבוד** כי אין לנו מלך אלא אתה
God's reign endures forever	ב'א'ה' **המלך בכבודו תמיד ימלוך עלינו לעולם ועד**
Everyone will accept God's reign	**ועל כל מעשיו**

60 אמר לציון [מלך אלהיך]. המבשר יאמר לציון הנה מלך אלהיך ר"ל הראה מלכותו וממשלתו לכל העולם (מצודת דוד, ישעיה נב:ז).

מעריב

יראו עינינו (המשך)

The third triple V*irtual Kaddish:* At the end of *Shaḥarit, Minḥah* and *Ma'ariv,* at the very end of *Aleinu* we find:

The Ideals of *Kaddish*	*Virtual Kaddish* (Bolded Text)
Everyone will accept God's reign	**ויקבלו כלם את עול מלכותך**
God's reign endures forever	**ותמלך עליהם מהרה לעולם ועד**
Everyone will accept God's reign	**כי המלכות שלך היא**
God's reign endures forever	**ולעולמי עד תמלוך בכבוד**[61]
God's reign endures forever	ככתוב בתורתך **יי ימלוך לעולם ועד**
Everyone will accept God's reign	ונאמר **והיה יי למלך על כל הארץ**
	ביום ההוא יהיה יי אחד ושמו אחד

Takeaway: The ideals we express when we recite *Kaddish* are central to our beliefs and were placed at the end of various units of prayer to enforce these beliefs. It is possible that even before *Kaddish* achieved its final form, the themes of *Kaddish* were already being inserted into the *Siddur* to be expressed between different sections of our prayers. ☙

61 כי המלכות שלך וגו' בכבודו. כ"ה גם בסוף ברכה שלישית אחר ק"ש של ערבית (עיון תפלה, סדר אוצר התפלות דף רי"ח).

מנחה לערב שבת

הֹדוּ לַ-יי כִּי טוֹב (תהלים קז)

א הֹדוּ לַ-יי כִּי טוֹב:	"Praise the Lord for He is good;
כִּי לְעוֹלָם חַסְדּוֹ.	His steadfast love is eternal!"
ב יֹאמְרוּ, גְּאוּלֵי יי	Thus let the redeemed of the Lord say,
אֲשֶׁר גְּאָלָם מִיַּד צָר.	those He redeemed from adversity,
ג וּמֵאֲרָצוֹת קִבְּצָם:	whom he gathered in from the lands,
מִמִּזְרָח וּמִמַּעֲרָב;	from the east and west,
מִצָּפוֹן וּמִיָּם.	from the north and from the sea.

The three verses above tell us how people who are scattered in different directions praise the Lord when He ingathers them. Verse 3 tells us from which areas they will be brought back. It begins by referencing three directions: east, west and north. It then references *u-me-yam*, and from the sea, which, when used as a direction, usually refers to the west, since the Mediterranean is to the west of Israel. In our context, however, it cannot mean west because the west is already mentioned, *u-me-ma'arav*. What then is the meaning of *u-me-yam*?

Ibn Ezra[62] and *Radak*[63] explain that south is not mentioned because due to the heat in the south (the Sinai?) it has no major population. They thus both understand the word *u-me-yam* as referring to people traveling in the sea.

Q. This, however, is a bit difficult because *u-mei-artzot kibtzam,* he gathered them from lands, seems to imply that what follows are four locations of land, not three locations of land plus the sea.

---

62 **ומארצות.** הזכיר מזרח ומערב כי כן היישוב מן הקצה אל הקצה והזכיר מצפון כי שם כל היישוב ולא הזכיר דרום בעבור חום השמש אין שם יישוב בראיות גמורות וטעם ומים יורדי הים כי היורד כתוב מהארבעה הנזכרים וכן הוא מזכיר יורדי הים ואחר כך כתוב יודו לה' חסדו, ויש אומרים פעול יאמרו גאולי ה' הוא אשר גאלם מיד צר והודו לה' דברי המשורר לארבעה הנזכרים (אבן עזרא שם קז:ג).

63 **ומארצות קבצם.** החל בהולכי מדברות כי הם בנמצאים יותר מהשלשה, כי רגילים בני אדם ללכת בסחורה מארץ לארץ ועוברים דרך מדברות והוא בחסדו יקבצם מהארצות אשר הלכו שם אילך ואילך וישיבם למקומם בשלום. וזכר עם הפיאות מזרח ומערב וצפון ולא זכר דרום כי הוא מעט היישוב מכל הפיאות מפני חום השמש ולא ילכו באותה הפיאה בסחורה אלא מעט. ופי' ומים. אותם שעוברים דרך ים מארץ לארץ ישיבם לארצם בשלום. ועוד יזכור בים על הצרה שהם בים שיצילם ממנה ועתה זכר אותם לפי שאמר ומארצות קבצם, וכן אותם שעוברים אל עבר הים יקבצם האל ויושיבם אל מקומם (רד"ק).

מנחה לערב שבת

הֹדוּ לַ-יי כִּי טוֹב (המשך)

A. Perhaps we might explain that *me-yad tzar* in verse 2 parallels *u-me-yam* ('redeemed from adversity' refers to those saved 'from the sea' when they were being pursued by the Egyptians); and *u-mei-artzot kibtzam* parallels *me-mizraḥ, u-me-ma'arav,* and *me-tzafon*, (those 'he ingathered from the lands' refers to 'east, west and north').

Malbim,[64] who explains that *u-me-yam* refers to islands in the sea, avoids the above problem. *Da'at Mikra's*[65] main explanation, that *yam* refers to the south where the Sea of Reeds is located, also avoids the above-mentioned problem.

Takeaway: Although at first glance *u-mei-yam* seems to mean 'from the west,' as in **ופרצת ימה וקדמה וצפונה ונגבה**, from its context it must mean 'and from the sea': traveling in the sea, islands in the sea or the Sea of Reeds. ☙

64 **ממזרח וממערב ומצפון ומים.** היינו מאיי הים, ודרום לא חשב כי אין ישוב בדרום (מלבי"ם).

65 **ממזרח וממערב ומצפון ומים.** 'ים' כאן הוא דרום על שם ים סוף, שהוא בדרום של ארץ ישראל, וכן: ונעו מים עד ים ומצפון ועד מזרח (עמ' ח יב), ושתי את גבלך מים סוף ועד ים פלשתים (שמ' כג לא). פרוש אחר: 'מים' ממש, והם 'יורדי הים באניות' שנזכרו לקמן בפסוקים כג-לב (דעת מקרא).

קבלת שבת

לכה דודי

The poem לכה דודי sung by Jews worldwide every Friday night was composed by ר' שלמה הלוי אלקבץ to welcome the Sabbath. Let us now examine its poetic structure as illustrated on the following page:

1. As is well known, the first letters of the first eight stanzas spell the author's name, שלמה הלוי.
2. In each stanza, the first three phrases rhyme and the last three phrases rhyme (i.e., an 'aaabbb' structure).
3. The author also uses alliteration effects in the first three phrases of each stanza (although not necessarily in the initial consonant of the word). In the first stanza this is provided by the repeated **א:** אחד, א-ל, אחד, אחד. In the second stanza, it is provided by the repeated **ל:** לקראת, לכו, ונלכה. In the third stanza by the **ק:** מקדש, קומי, בעמק. In the fourth stanza by the **ב:** לבשי, בגדי, בו, בית. In the eighth stanza by the **צ:** תפרוצי, תעריצי, פרצי. These five letters together spell the author's last name, אלקבץ. Coincidence? Perhaps. Other alliterative sounds are also found within the stanzas.

קבלת שבת

לכה דודי (המשך)

שמור וזכור בדבור **אחד**
השמיענו אל המיו**חד**
יי אחד ושמו **אחד**
לשם ולתפארת ולתה**לה**
לכה דודי לקראת **כלה**
פני שבת נקב**לה**

לקראת שבת לכו ונל**כה**
כי היא מקור הבר**כה**
מראש מקדם נסו**כה**
סוף מעשה במחשבה תח**לה**
לכה דודי לקראת **כלה**
פני שבת נקב**לה**

מקדש מלך עיר מלו**כה**
קומי צאי מתוך ההפ**כה**
רב לך שבת בעמק הב**כה**
והוא יחמול עליך חמ**לה**
לכה דודי לקראת **כלה**
פני שבת נקב**לה**

התנערי מעפר קו**מי**
לבשי בגדי תפארתך ע**מי**
על יד בן ישי בית הלח**מי**
קרבה אל נפשי גא**לה**
לכה דודי לקראת **כלה**
פני שבת נקב**לה**

התעוררי התעוררי
כי בא אורך קומי או**רי**
עורי עורי שיר דב**רי**
כבוד יי עליך נג**לה**
לכה דודי לקראת **כלה**
פני שבת נקב**לה**

לא תבושי ולא תכל**מי**
מה תשתוחחי ומה תה**מי**
בך יחסו עניי ע**מי**
ונבנתה עיר על ת**לה**
לכה דודי לקראת **כלה**
פני שבת נקב**לה**

והיו למשסה שאס**יך**
ורחקו כל מבלע**יך**
ישיש עליך אלה**יך**
כמשוש חתן על **כלה**
לכה דודי לקראת **כלה**
פני שבת נקב**לה**

ימין ושמאל תפרו**צי**
ואת יי תערי**צי**
על יד איש בן פר**צי**
ונשמחה ונגי**לה**
לכה דודי לקראת **כלה**
פני שבת נקב**לה**

בואי בשלום עטרת בע**לה**
גם בשמחה ובצה**לה**
תוך אמוני עם סגו**לה**
בואי כלה בואי **כלה**
לכה דודי לקראת **כלה**
פני שבת נקב**לה**

ଊ

קבלת שבת

לכה דודי—הִתְנַעֲרִי מֵעָפָר קוּמִי

We now examine the following stanza of לכה דודי:

התנערי מעפר קומי, לבשי בגדי תפארתך עמי, על יד בן ישי בית הלחמי, קרבה אל נפשי גאלה.

This stanza appears to be based on three verses from Isaiah 52:

א. עוּרִי עוּרִי לִבְשִׁי עֻזֵּךְ, צִיּוֹן: לִבְשִׁי בִּגְדֵי תִפְאַרְתֵּךְ, יְרוּשָׁלַםִ עִיר הַקֹּדֶשׁ כִּי לֹא יוֹסִיף יָבֹא בָךְ עוֹד, עָרֵל וְטָמֵא.
ב. הִתְנַעֲרִי מֵעָפָר קוּמִי שְׁבִי יְרוּשָׁלָםִ; התפתחו (הִתְפַּתְּחִי) מוֹסְרֵי צַוָּארֵךְ, שְׁבִיָּה בַּת צִיּוֹן.
ג. כִּי-כֹה אָמַר יי חִנָּם נִמְכַּרְתֶּם; וְלֹא בְכֶסֶף, תִּגָּאֵלוּ.

We begin by laying out these three verses from Isaiah side by side:

ישעיה נב:א מוסב על עיר	**ישעיה נב:ב** מלבים, מוסב על עם אוצר התפילה, מוסב על עיר
א. עוּרִי עוּרִי לִבְשִׁי עֻזֵּךְ צִיּוֹן לִבְשִׁי בִּגְדֵי תִפְאַרְתֵּךְ יְרוּשָׁלַםִ עִיר הַקֹּדֶשׁ כִּי לֹא יוֹסִיף יָבֹא בָךְ עוֹד עָרֵל וְטָמֵא	ב. הִתְנַעֲרִי מֵעָפָר קוּמִי **שְׁבִי יְרוּשָׁלָםִ** הִתְפַּתְּחִי מוֹסְרֵי צַוָּארֵךְ **שְׁבִיָּה בַּת צִיּוֹן** ג. כִּי כֹה אָמַר יי חִנָּם נִמְכַּרְתֶּם וְלֹא בְכֶסֶף תִּגָּאֵלוּ

Notice that verse 1 parallels verses 2 and 3: עורי עורי of verse 1 parallels התנערי of verse 2, and כי לא of verse 1 parallels כי כה of verse 3.

The commentators disagree, however, on the meaning of שבי ירושלם (in verse 2) and שביה בת ציון (in verse 2). Do they mean 'captive Jerusalem' and 'captive Zion,' or do they mean 'captives of Jerusalem' and 'captives of Zion'?

קבלת שבת

לכה דודי— הִתְנַעֲרִי מֵעָפָר קוּמִי (המשך)

According to *Malbim*[66] verse 52:1 refers to the city, while verse 52:2 refers to the captives taken from the city. According to *Siddur Otzar ha-Tefillot*[67] (and *Barukh She-Amar*[68]) both verses refer to the city, and thus שבי ירושלם means 'captive Jerusalem,' and שביה בת ציון means 'captive Zion.'

The author of לכה דודי must have believed—as *Siddur Otzar ha-Tefillot* does—that both verses refer to the city, as he chooses one phrase (לבשי בגדי תפארתך) from verse 1 and another phrase (התנערי מעפר קומי) from verse 2. He could not have done this if the subjects of the two verses were different. The translation of our stanza would thus be, 'Awake, rise from the earth. Dress yourself with your beautiful clothes, My people.' Jerusalem and Zion are to dress themselves with their beautiful adornments, which are My people.

Isaiah 52:3 appears to validate *Malbim*'s position that verse 52:2 refers to the 'captives of Jerusalem' as it states, 'you were sold for naught, and you will not be redeemed for money.' The subject is the captives, not the city.

Takeaway. During the 16th century Shlomo HaLevi Alkabetz, a kabbalist and close friend of R. Yosef Karo, wrote a beautiful and mystical poem, לך דודי, welcoming the Sabbath bride, and calling upon the Jewish people and the city of Jerusalem to shake off their oppressors, to rejoice and triumph. He probably never imagined the almost unanimous acceptance his poem would eventually attain among observant Jews. ☙

---

66 (ב) **התנערי** תחלה דבר אל עיר ציון ועיר ירושלים, עתה דבר נגד עם ציון ועם ירושלים שהגלו משם... (מלבים על ישעיה נב:ב).

67 **התנערי** מעפר. אנחנו מבקשים מלפניו יתברך שינחם את ירושלים ויאמר לה את ירושלים התרוקנו מעפר הארץ אשר ישבת בה בעבור האבל והצער. והוא מיוסד על פסוק (ישעיה נב, ב): **קומי** לבשי בגדי תפארתך. את ירושלים קומי מהארץ ולבשי בגדי תפארתך. ומבאר מהו בגדי תפארתך. היינו עמי. שכשיתכנסו ישראל לתוכה זה יהיה לה לבגדי תפארת. והוא מיוסד על פסוק (שם נב, א) (סדור אוצר התפילה, עץ יוסף, דף ש).

68 ולכן נראה, דהשם "עמי" כאן אינו מכוין למלת הקריאה בהסבה אל העם, אך הוא שם התואר לשמות "בגדי תפארתך", ופונה אל ירושלים כי תלבש בגדי תפארתה, ומפרש, מה הם בגדי תפארתה—עמי, כלומר, שתקבץ לתוכה את עם ישראל שהוא לה לתפארת (ברוך שאמר רלח).

קבלת שבת

מִזְמוֹר לְדָוִד—מִזְמוֹר שִׁיר לְיוֹם הַשַּׁבָּת

א מִזְמוֹר לְדָוִד הָבוּ **לַה'** בְּנֵי אֵלִים הָבוּ **לַה'** כָּבוֹד וָעֹז. ב הָבוּ **לַה'** כְּבוֹד שְׁמוֹ הִשְׁתַּחֲווּ **לַה'**
בְּהַדְרַת קֹדֶשׁ. ג קוֹל **ה'** עַל הַמָּיִם אֵל הַכָּבוֹד הִרְעִים **ה'** עַל מַיִם רַבִּים. ד קוֹל **יְהוָה** בַּכֹּחַ
קוֹל **יְהוָה** בֶּהָדָר. ה קוֹל **ה'** שֹׁבֵר אֲרָזִים וַיְשַׁבֵּר **ה'** אֶת אַרְזֵי הַלְּבָנוֹן. ו וַיַּרְקִידֵם כְּמוֹ עֵגֶל
לְבָנוֹן וְשִׂרְיֹן כְּמוֹ בֶן רְאֵמִים. ז קוֹל **ה'** חֹצֵב לַהֲבוֹת אֵשׁ. ח קוֹל **ה'** יָחִיל מִדְבָּר יָחִיל **ה'**
מִדְבַּר קָדֵשׁ. ט קוֹל **ה'** יְחוֹלֵל אַיָּלוֹת וַיֶּחֱשֹׂף יְעָרוֹת וּבְהֵיכָלוֹ כֻּלּוֹ אֹמֵר כָּבוֹד. י **ה'** לַמַּבּוּל
יָשָׁב וַיֵּשֶׁב **ה'** מֶלֶךְ לְעוֹלָם. יא **ה'** עֹז לְעַמּוֹ יִתֵּן **ה'** יְבָרֵךְ אֶת עַמּוֹ בַשָּׁלוֹם. (תהלים כט)

לך דודי...

א מִזְמוֹר שִׁיר לְיוֹם הַשַּׁבָּת. ב טוֹב לְהֹדוֹת **לַה'** וּלְזַמֵּר לְשִׁמְךָ עֶלְיוֹן. ג לְהַגִּיד בַּבֹּקֶר חַסְדֶּךָ
וֶאֱמוּנָתְךָ בַּלֵּילוֹת. ד עֲלֵי עָשׂוֹר וַעֲלֵי נָבֶל עֲלֵי הִגָּיוֹן בְּכִנּוֹר. ה כִּי שִׂמַּחְתַּנִי **ה'** בְּפָעֳלֶךָ
בְּמַעֲשֵׂי יָדֶיךָ אֲרַנֵּן. ו מַה גָּדְלוּ מַעֲשֶׂיךָ **ה'** מְאֹד עָמְקוּ מַחְשְׁבֹתֶיךָ. ז אִישׁ בַּעַר לֹא יֵדָע וּכְסִיל
לֹא יָבִין אֶת זֹאת. ח בִּפְרֹחַ רְשָׁעִים כְּמוֹ עֵשֶׂב וַיָּצִיצוּ כָּל פֹּעֲלֵי אָוֶן לְהִשָּׁמְדָם עֲדֵי עַד. ט
וְאַתָּה מָרוֹם לְעֹלָם **ה'**. י כִּי הִנֵּה אֹיְבֶיךָ **ה'** כִּי הִנֵּה אֹיְבֶיךָ יֹאבֵדוּ יִתְפָּרְדוּ כָּל פֹּעֲלֵי אָוֶן. יא
וַתָּרֶם כִּרְאֵים קַרְנִי בַּלֹּתִי בְּשֶׁמֶן רַעֲנָן. יב וַתַּבֵּט עֵינִי בְּשׁוּרָי בַּקָּמִים עָלַי מְרֵעִים תִּשְׁמַעְנָה
אָזְנָי. יג צַדִּיק כַּתָּמָר יִפְרָח כְּאֶרֶז בַּלְּבָנוֹן יִשְׂגֶּה. יד שְׁתוּלִים בְּבֵית **ה'** בְּחַצְרוֹת אֱלֹהֵינוּ
יַפְרִיחוּ. טו עוֹד יְנוּבוּן בְּשֵׂיבָה דְּשֵׁנִים וְרַעֲנַנִּים יִהְיוּ. טז לְהַגִּיד כִּי יָשָׁר **ה'** צוּרִי וְלֹא עלתה
[עַוְלָתָה] בּוֹ. (תהלים צב)

During *Kabbalat Shabbat*, the Psalms to greet the Sabbath are recited between the weekday *Minḥah* and the Sabbath *Ma'ariv.* The first Psalm shown above mentions God's name eighteen times. The second Psalm above mentions His name seven times. These two Psalms respectively symbolize the *Shemoneh Esreh* of the weekdays which originally had eighteen blessings, and the *Amidah* of Shabbat which has seven blessings. Together, they mark the end of the workweek and the beginning of the blessed Sabbath.

Between these two Psalms, which respectively symbolize the weekday and the Sabbath, we joyously sing לך דודי in unison to put us into the proper state of mind to welcome the Sabbath.

Takeaway: We stand when we recite the *Amidah.* We therefore also stand when we recite the above two Psalms as they parallel respectively the weekday *Amidah* and the Sabbath *Amidah.* In fact, when we recite מזמור שיר ליום השבת... we implicitly accept Shabbat upon ourselves. ☙

קבלת שבת

כגונא

כְּגַוְנָא דְאִנּוּן מִתְיַחֲדִין לְעֵלָּא בְּאֶחָד. אוּף הָכִי אִיהִי אִתְיַחֲדַת לְתַתָּא בְּרָזָא דְאֶחָד לְמֶהֱוֵי עִמְּהוֹן לְעֵלָּא חָד לָקֳבֵל חָד. קוּדְשָׁא בְּרִיךְ הוּא אֶחָד. לְעֵלָּא לָא יָתִיב עַל כּוּרְסַיָּא דִיקָרֵיהּ עַד דְאִתְעֲבִידַת אִיהִי בְּרָזָא דְאֶחָד. כְּגַוְנָא דִילֵיהּ לְמֶהֱוֵי אֶחָד בְּאֶחָד. וְהָא אוּקִימְנָא רָזָא דַה' אֶחָד וּשְׁמוֹ אֶחָד: (זוהר תרומה קלד:א).

"As they unite above in One, here too She unites below in the secret of One, to be with those above, One paralleling One. The Holy One blessed is He who is One does not sit above on His precious throne until He establishes His secret of One, as He is the One in the One. Behold we have explained the secret of 'God is One and His Name is One'."

Sfat Emet explains:[69]

> The Holy One, blessed is He, does not sit on His precious throne until He establishes the secret of One. This occurs on the Sabbath, for all those He created ascend and are included in this dot which is called the 'secret of One' which is the inner life-force that is in all that He created. At the root of everything is but a single dot which is called the secret of One. The meaning of **דאתעבידת** is that the oneness is extended onto one's deeds, and onto the days of work and toil…

Sfat Emet is saying: As the Sabbath begins, the vision of God's perfect unity is not complete until we recognize that not only is God a perfect unity but that all God's creatures also make up a perfect unity. We are all a product of God's creation and we all contain a holy life spark from Him. This realization that dawns on us as the Sabbath begins should extend throughout the other six days of the week.

Takeaway: We always need to remember that all of us are God's creation, that we all contain a spark of the Divine. With this knowledge we will surely act kindly to each other, treating the other as we wish ourselves to be treated. ☙

69 ואיתא קודשא בריך הוא לא יתיב על כורסיא דיקריה עד דאתעבידת ברזא דאחד והוא בשבת שכל הנבראים עולים ונכללים בנקודה זאת שנקראת רזא דאחד שהוא חיות פנימי שבכל הנבראים ובשורש הכל רק נקודה אחת ונקראת רזא דאחד. ופירוש דאתעבידת שנמשך האחדות תוך המעשה וימי העבודה ומלאכה (שפת אמת, קרח).

ואנפהא נהירין

And her face shines	וְאַנְפָּהָא נְהִירִין
With light from above	בִּנְהִירוּ עִלָּאָה
And here below she crowns herself	וְאִתְעַטְּרַת לְתַתָּא
With her holy people	בְּעַמָּא קַדִּישָׁא.
And they all crown themselves	וְכֻלְּהוֹן מִתְעַטְּרִין
With new souls	בְּנִשְׁמָתִין חַדְתִּין
As they begin to pray	כְּדֵין שֵׁירוּתָא דִצְלוֹתָא.
To bless her in joy	לְבָרְכָא לָהּ בְּחֶדְוָה
With a shining face	בִּנְהִירוּ דְּאַנְפִּין.

As we welcome the Shabbat on Friday night we recite the above sublime sentences toward the end of כגוונא. Picture the image:

The Face (a reference to *Shekhinah,* God's manifestation, or *Malkhut,* God's Kingship) shines with a Heavenly light. Upon this glowing face is a crown which is made up of the Jewish People. Each person is but one point on this crown, and each person wears their own crown, their extra soul, their *neshamah yeteirah* that they receive each Shabbat. Together, in joy, this multitude of people joyously bless the Holy One, blessed is He.

(Despite Rambam's philosophical objection to anthropomorphic descriptions of the Divine, we can perhaps enjoy such imagery. R. Y.B. Soloveitchik has argued that we need not totally dismiss visual imagery when employed in our prayers as a metaphor for the Divine.[70])

We can relate to this beautiful image as we sit in shul at the outset of the Sabbath: The lights in shul shine brightly, we are adorned with our finest clothing, our troubles and challenges of the work-week are left behind. Joyously we bless in unison the Holy One, blessed is He, proclaiming ברוך יי המבורך לעולם ועד, blessed is the blessed God for all eternity.

70 איש ההלכה לא קיבל את הוראת "מורה נבוכים" בנוגע לפיוטים, שירות ותשבחות. צא ולמד: מה ביקש "מורה הנבוכים" לעשות לפיוטי ישראל! "ולא כמו שיעשו הפתאים באמת אשר המריצו בשבחים והאריכו דברים בתפילות חיברום ומליצות קיבצום וכו' וירבה היתר זה אצל המשוררים והמליצים ואצל מי שיחשוב שעושה שיר וכו' וקצתם יש בהן מן השטות והפסד הדמיון" (ר' יוסף דב הלוי סולובייצ'יק, איש ההלכה נז).

ואנפהא נהירין (המשך)

Takeaway. When we, the Jewish people, act in accordance with the Torah's teachings we are God's crowning achievement. Indeed, throughout our history, we Jews have achieved greatness and benefited the world like no other people or nation. ☙

קבלת שבת

מגן אבות

מָגֵן אָבוֹת בִּדְבָרוֹ מְחַיֶּה מֵתִים בְּמַאֲמָרוֹ הָאֵל הַקָּדוֹשׁ שֶׁאֵין כָּמוֹהוּ הַמֵּנִיחַ לְעַמּוֹ בְּיוֹם שַׁבַּת קָדְשׁוֹ כִּי בָם רָצָה לְהָנִיחַ לָהֶם לְפָנָיו נַעֲבוֹד בְּיִרְאָה וָפַחַד וְנוֹדֶה לִשְׁמוֹ בְּכָל יוֹם תָּמִיד מֵעֵין הַבְּרָכוֹת, אֵל הַהוֹדָאוֹת, אֲדוֹן הַשָּׁלוֹם מְקַדֵּשׁ הַשַּׁבָּת וּמְבָרֵךְ שְׁבִיעִי וּמֵנִיחַ בִּקְדֻשָּׁה לְעַם מְדֻשְּׁנֵי עֹנֶג זֵכֶר לְמַעֲשֵׂה בְרֵאשִׁית.

Our daily *Amidah* for *Shaḥarit* and *Minḥah* always requires that the *ḥazan* repeats the *Amidah* aloud. For *Ma'ariv*, however the *ḥazan* does not repeat the Amidah. This is because *Ma'ariv* is on a bit of a lower level than *Shaḥarit* and *Minḥah*. In fact, there is a debate in the Gemara (*Berakhot* 27b–28a) whether *Ma'ariv* is required at all.

The only time the *ḥazan* repeats the *Ma'ariv Amidah* is here, Friday night, where the *ḥazan* recites a short version of the *Sabbath Ma ariv*. This was instituted to allow the latecomers to shuls in rural areas ("in the fields") to catch up with their prayers, so that they would be able to walk home at night with the others.

ברכה מעין שבע	**עמידה**
מָגֵן אָבוֹת בִּדְבָרוֹ	אבות
מְחַיֶּה מֵתִים בְּמַאֲמָרוֹ	גבורת
הָאֵל הַקָּדוֹשׁ שֶׁאֵין כָּמוֹהוּ	קדושת השם
הַמֵּנִיחַ לְעַמּוֹ בְּיוֹם שַׁבַּת קָדְשׁוֹ, כִּי בָם רָצָה לְהָנִיחַ לָהֶם	לשבת
לְפָנָיו נַעֲבוֹד בְּיִרְאָה וָפַחַד וְנוֹדֶה לִשְׁמוֹ בְּכָל יוֹם תָּמִיד מֵעֵין הַבְּרָכוֹת	עבודה
אֵל הַהוֹדָאוֹת	הודאה
אֲדוֹן הַשָּׁלוֹם	שלום

Takeaway. While reciting *Magen Avot* with its beautiful tune we should also remember that the *ḥazan* is actually reciting an abridged form of *ḥazarat ha-shatz*, an abridged repetition of the Sabbath *Amidah*. ☙

זמירות לליל שבת

כל מקדש—המאחרים לצאת

כל מקדש שביעי כראוי לו
כל שומר שבת כדת מחללו
שכרו הרבה מאד על פי פעלו
איש על מחנהו ואיש על דגלו.

אוהבי יי המחכים בבניין אריאל
ביום השבת שישו כמקבלי מתן נחליאל
גם שאו ידיכם קודש ואמרו לאל
ברוך יי אשר נתן מנוחה לעמו ישראל.

דורשי יי, זרע אברהם אוהבו
המאחרים לצאת מן השבת וממהרים לבוא
ושמחים לשומרו ולערב ערובו
זה היום עשה יי, נגילה ונשמחה בו.

Ideally, one should add time to extend the Sabbath before it officially begins and to add time to extend the Sabbath after it officially ends. That is what the author is referring to above in the bolded text when he praises people who 'tarry when it is time to leave the Sabbath and who are in a hurry to begin it.'

Q. *Barukh She-Amar* asks:[71] The order of the verse המאחרים לצאת מן השבת וממהרים לבוא should be reversed to make it chronological—from the beginning of Sabbath to the end of Sabbath. It should read, 'Those who hurry to begin it [the Sabbath] and those who tarry when it is time to leave the Sabbath.'

71 המאחרים לצאת מן השבת וממהרים לבא. אמנם כי הי' צריך לומר להיפך, הממהרים לבא ומאחרים לצאת, כי הכניסה לשבת קודמת להיציאה, זו בערב שבת וזו במוצאי שבת (ברוך שאמר רפג).

זמירות לליל שבת

כל מקדש—המאחרים לצאת (המשך)

A. He answers[72] that the Torah was given on Sabbath and therefore the first time the Jewish people became obligated in the Sabbath all they could do was add time at the end of the Sabbath. It was not until the next Sabbath that they could add time at the beginning of it. This explains the seemingly reverse chronological order.

In fact, the author of the above (R. Moshe Klonimus) was simply making the two lines **אוהבו** and **לבוא** rhyme. If he had placed this verse in the correct chronological order and written **הממהרים לבוא לשבת ומאחרים לצאת** it would not have rhymed with the previous verse. *Barukh She-Amar*[73] notes this poetic justification but dismisses it.

Takeaway: Phrases or sentences in our sacred poetry that appear to be unusual or awkward were oftentimes written that way for a literary purpose. See the following page for an even starker example of literary considerations in this same poem. ☙

72 ואולי רומז בזה הלשון ההפוך למה שאמרו במס' שבת (פ"ו ב') דהתורה נתנה בשבת, ואם כן, כשבאו באותו יום ממתן תורה לביתם חלה עליהם מצות תוספת שבת (איחור) בצאתו קודם לכניסתו שתבא ביום הששי הבא, וקבע הסדר כפי שנתמלא בתחלת צויו, בשעת מתן תורה (ברוך שאמר שם).

73 ואמנם כי אפשר לומר, כי על כן שינה הפייטן את הסדר כדי להשוותו לחרוז זה עם המבטא מחרוז הקודם, דורשו ה' זרע אברהם אוהבו (אוהבו – לבא, בלשון ממהרים לבא) – אבל קשה להסכים, כי למען סלסול ותפנוק מהשואת החרוזים ישנה את סדר הזמנים, וכן לא יעשה (ברוך שאמר שם).

זמירות לליל שבת

כל מקדש—כדת מחללו

Kol Mekadesh, by ר' משה בר קלונמוס, is sung on Friday night. It contains the phrase, כל שומר שבת כדת מחללו שכרו הרבה מאד, whoever observes the Sabbath, according to the law, not desecrating it, his reward is great. This phrase is based on the verse in Isaiah (56:2) אשרי אנוש יעשה זאת ובן אדם יחזיק בה שמר שבת מחללו ושמר ידו מעשות כל רעה.

Q. Why, asks *Barukh She-Amar,* was the word כדת added to the phrase שומר שבת מחללו?[74] (It should be noted that the Gemara (*Sabbath* 118b) similarly adds the word כהלכתו saying ...כל המשמר שבת כהלכתו). *Barukh She-Amar* answers that 'not desecrating' the Sabbath also has to be done based on *halakhah.*[75] Sometimes, when a life is in danger, it is necessary to desecrate the Sabbath, and thus the addition of the word כדת.

A. The word כדת also serves two literary purposes. Let us look at the first half of the poem:

כל **מ**קדש שביעי   **כ**ראוי **לו**
כל **ש**ומר שבת   **כ**דת מחל**לו**
שכרו **ה**רבה מאד   **ע**ל פי פע**לו**
איש על מחנהו ואיש   **ע**ל דג**לו**.
אוהבי יי המחכים   בבניי**ן** ארי**אל**
ביום השבת שישו כמקבלי   מת**ן** נחלי**אל**
גם שאו ידיכם קודש   וא**מ**רו ל**אל**
ברוך יי אשר נתן מנוחה   לע**מ**ו ישר**אל**.
דורשי יי זרע   אברהם אוה**בו**
המאחרים לצאת מן השבת   **ו**ממהרים ל**בוא**
ושמחים לשומרו   **ו**לערב ערו**בו**
זה היום עשה יי נגילה   **ו**נ**ש**מחה **בו**

74 וביותר צריך ביאור הלשון כל שומר שבת כדת מחללו, כי לשון זה בא בישעיה פרשה נ"ו ובא כפול בפסוק ב' ובפסוק ו' ובשניהם לא באה המלה "כדת" רק שומר שבת מחללו, ולא נתברר לאיזה כונה הוסיף הפייטן מלה זו כי לא יתכן שבאה שלא בכונה - במקרה (ברוך שאמר דף רפב).

75 ...אפשר לומר שכיוון הפייטן לרמז בתוספת מלה זו (כדת) מה שאמרו בגמרא יומא (פ"ד ב') דכשם שמצוה להזהר מחלול שבת בכלל, כך מצוה לחללו במקום פקוח נפש, ולא עוד אלא שמצוה לעשות זה החילול בידי גדולי ישראל ולא ע"י קטנים ועכו"ם והזריז בזה ביותר משובח (ברוך שאמר דף רפב).

כל מקדש—כדת מחללו (המשך)

זכרו תורת משה במצות	שבת גרוס**ה**
חרותה ליום השביעי ככלה בין	רעותיה משוב**צה**
טהורים יירשוה ויקדשוה במאמר כל	אשר ע**שה**
ויכל אלהים ביום השביעי מלאכתו	אשר ע**שה**

The poem contains the following literary devices: 1. The author's name משה is spelled out in the first three lines. 2. It contains an *aleph, bet* acrostic. 3. The end of the lines rhyme (e.g., **לו** מחל**לו**; פע**לו** דג**לו**; אר**יאל** נחל**יאל**, etc.) 4. There are alliterations: **כ**ראוי **כ**דת; **על על**; בבנין מתן. 5. Most surprisingly, however, is that the author spells out his father's (his last) name קלונמוס phonetically (i.e., using כ in place of ק) by doubling the letters כלנמוס. The letters *sin* and *samekh* in ונשמחה and גרוסה have the same sound and are often used interchangeably.

Takeaway: *Barukh She-Amar's* explanation is a beautiful *d'var Torah* as it teaches how a Jew should think and act: Observing the Sabbath is one of our highest ideals, and yet the Sabbath may be desecrated if we are doing so to save a life. The real reason for the extra word כדת, however, is that it serves two literary purposes: it enhances the sound of the poem—by using alliteration, and it helps spell out the name of the author's father (i.e., the author's last name). ☙

ולקלס

להודות להלל לשבח לפאר לרומם להדר ולנצח לברך לעלה **ולקלס**

Barukh She-Amar[76] points out that the word לקלס is a contronym (a Janus word) which has two opposite meanings. It can mean 'to praise' and it can also mean 'to scorn'. *Barukh She-Amar* therefore wonders why this word is used to praise God, when it also means to scorn.

Barukh She-Amar notes that this word is also used in the *Pesaḥ Haggadah*[77] to praise God, which is similarly problematic. *Barukh She-Amar* concludes[78] that if he could he would remove this word from our phrase here during the Sabbath *Shaḥarit* and also from the *Haggadah*.

R. Shimon b. R. Tzemaḥ Duran asks this same question[79] in reference to the Passover *Haggadah*[80] but he concludes that he is not troubled by its usage as its context, i.e., the words that precede it all suggest that God is being praised.[81]

Takeaway. Words in Biblical Hebrew, as in other languages (in English, for example, we have words like cleave, dust, overlook, bolt, etc.), sometimes have opposite meanings. The only way to know their true meaning is to examine them in context. ☙

76 קשה מאוד לסבול קביעות המלה האחרונה "ולקלס" לכאן, בעוד שבכל המקרא באה מלה זו להוראות לעג וחרפה, בוז והתעוללות... (ברוך שאמר רמו).

77 וכזה קשה בפיוט להגדה של פסח המתחלת לפיכך אנחנו חייבים להודות להלל לשבח לפאר לרומם להדר לעלה ולקלס (ברוך שאמר שם).

78 ולוא היה היכולת בידי הייתי משמיט מלה זו מסדר התפלה כאן ומהגדה לפסח, כמו שהבאנו (ברוך שאמר שם).

79 ויש אומרים שאין ראוי לומר "לקלס" שהוא לשון בזיון... (ר' שמעון ב"ר צמח דוראן, הגדה של פסח עם פירוש הראשונים, מוסד הרב קוק, 1998).

80 לפיכך אנחנו חיבים להודות להלל לשבח לפאר לרומם להדר לברך לעלה **ולקלס** למי שעשה לאבותינו ולנו את כל הנסים האלו...

81 ואין לחוש שיהיה לשון "לעג וקלס", ויגד עליו רעו – שאר המלות שהם לשון שבח (רשב"ץ שם).

שחרית לשבת

יקום פורקן

יְקוּם פּוּרְקָן מִן שְׁמַיָּא חִנָּא וְחִסְדָּא וְרַחֲמֵי וְחַיֵּי אֲרִיכֵי וּמְזוֹנֵי רְוִיחֵי וְסִיַּעְתָּא דִשְׁמַיָּא וּבַרְיוּת גּוּפָא וּנְהוֹרָא מַעַלְיָא. זַרְעָא חַיָּא וְקַיָּמָא זַרְעָא דִּי לָא יִפְסוּק וְדִי לָא יִבְטוּל מִפִּתְגָּמֵי אוֹרַיְתָא. **לְמָרָנָן וְרַבָּנָן חֲבוּרָתָא קַדִּישָׁתָא** דִּי בְאַרְעָא דְיִשְׂרָאֵל וְדִי בְבָבֶל לְרֵישֵׁי כַלָּה וּלְרֵישֵׁי גַלְוָתָא וּלְרֵישֵׁי מְתִיבָתָא וּלְדַיָּנֵי דִי בָבָא. לְכָל תַּלְמִידֵיהוֹן וּלְכָל תַּלְמִידֵי תַלְמִידֵיהוֹן וּלְכָל מָאן דְּעָסְקִין בְּאוֹרַיְתָא. מַלְכָּא דְעָלְמָא **יְבָרֵךְ יַתְהוֹן יַפִּישׁ חַיֵּיהוֹן וְיַסְגֵּא יוֹמֵיהוֹן וְיִתֵּן אַרְכָא לִשְׁנֵיהוֹן.** וְיִתְפָּרְקוּן וְיִשְׁתֵּזְבוּן מִן כָּל עָקָא וּמִן כָּל מַרְעִין בִּישִׁין. מָרָן דִּי בִשְׁמַיָּא יְהֵא בְסַעְדְּהוֹן כָּל זְמַן וְעִדָּן. וְנֵאמַר אָמֵן:

יְקוּם פּוּרְקָן מִן שְׁמַיָּא חִנָּא וְחִסְדָּא וְרַחֲמֵי וְחַיֵּי אֲרִיכֵי וּמְזוֹנֵי רְוִיחֵי וְסִיַּעְתָּא דִשְׁמַיָּא וּבַרְיוּת גּוּפָא וּנְהוֹרָא מַעַלְיָא. זַרְעָא חַיָּא וְקַיָּמָא זַרְעָא דִּי לָא יִפְסוּק וְדִי לָא יִבְטוּל מִפִּתְגָּמֵי אוֹרַיְתָא. **לְכָל קְהָלָא קַדִּישָׁא הָדֵין** רַבְרְבַיָּא עִם זְעֵרַיָּא טַפְלָא וּנְשַׁיָּא. מַלְכָּא דְעָלְמָא **יְבָרֵךְ יַתְכוֹן יַפִּישׁ חַיֵּיכוֹן וְיַסְגֵּי יוֹמֵיכוֹן וְיִתֵּן אַרְכָא לִשְׁנֵיכוֹן** וְתִתְפָּרְקוּן וְתִשְׁתֵּזְבוּן מִן כָּל עָקָא וּמִן כָּל מַרְעִין בִּישִׁין. מָרָן דִּי בִשְׁמַיָּא יְהֵא בְסַעְדְּכוֹן כָּל זְמַן וְעִדָּן וְנֵאמַר אָמֵן:

These two Ashkenazi prayers, written in Aramaic, probably in Babylonia, share the same opening sentences. The first asks for the welfare of the students in the academies of Eretz Yisrael and Babylonia, their teachers, exilarchs and judges. The second is a prayer for the welfare of the congregation.

The custom to say these on the Sabbath is mentioned by both Rama[82] and *Arukh Ha-Shulḥan*.[83]

These prayers are found in *Siddur Rav Shabtai Sofer,* along with a Hebrew translation for both the first[84] and second[85] *Yekum Purkan.*

82 ונוהגין לומר יקום פורקן ואין בזה משום איסור תחנה בשבת (שולחן ערוך, א"ח רפד, ז).

83 אחר ההפטרה נהגו לומר יקום פורקן, ומי שברך, וברכה למלך. (ערוך השלחן א"ח רפד, טו).

84 וכדי שיבינו המון העם הבקשות האלה אעתיק אותן מלשון ארמי ללשון עברי על פי ספר המתורגמן וזה נוסחו: יקום פדות מן השמים חן וחסד ורחמים וחיים ארוכים ומזונות רווחים (ר"ל בריוח) ועזרת האל,... ובריאות הגוף מאור עינים טוב זרע חי וקים זרע אשר לא יחדל ויבטול מדברי תורה לבעלינו ושרינו החבורה הקדושה אשר בארץ ישראל ואשר בבבל לראשי הדרשנים ולראשי הגולה ולראשי הישיבות ולדייני השער... לכל תלמידיהם ולכל תלמידי תלמידיהם ולכל מי שעוסקים בתורה מלך העולם יברך אותם יפרה חייהם וירבה ימיהם ויתן אורך לשנותיהם ויושעו וינצלו מכל צרה ומכל חליים רעים אבינו שבשמים יהיה בעזרתם בכל זמן ועת ונאמר אמן (סידור מה"ר שבתי, תרגום שעו).

85 יקום. הכל הועתק בלשון עברי ביקום פורקן הראשון עד לכל קהלה ומשם ואילך נשתנה ואעתיקנו וזה נוסחו. לכל הקהל הקדוש הזה הגדולים עם הקטנים טף ונשים מלך העולם יברך אתכם יפרה חייכם וכו' כדלעיל רק שזהו לנמצאים ולעיל היה לנסתרים (סידור מה"ר שבתי, תרגום שעז).

יקום פורקן (המשך)

A Yiddish footnote[86] informs us that the *hazan* takes the Torah in his hand and says them. (*Mishnah Berurah* too mentions that it is permissible for the *hazan* to hold the *Sefer Torah* while reciting *Yekum Purkan*.[87])

Siddur Rav Shabtai, in his translation into Hebrew notes a crucial difference between the two: the first is written in third person (יתהון, חייהון, יומיהון, לשניהון), while the second is written in second person (יתכון, חייכון, יומיכון, לשניכון) addressed to the people in the congregation. This crucial difference explains why the second *Yekum Purkan* is not recited (and for the same reason neither is the following *me she-beirakh*)[88] when one is praying alone at home.[89] We cannot speak directly to the congregants if we are not there with them. (According to *Mishnah Berurah*, however, neither *Yekum Purkan* should be said by an individual praying at home since it is written in Aramaic.[90])

Takeaway. The Reform movement, in its early efforts to reform the *Siddur*, advocated the removal of the second *Yekum Purkan*, seeing it as redundant with the first. This is very puzzling, for as we have noted, this is one of the very few prayers that is addressed directly to, and blesses, the assembled congregation praying in the synagogue. Why would anyone want to remove this beautiful and unique prayer? ☙

86 יקום. דער חזן נעמט דיא ס"ת אין האנט אונ' זאגט, מחזור הדרת קודש (סדור מה"ר שבתי סופר, שעה).

87 ומותר הש"ץ להחזיק הס"ת בידו בשבת כשאומר יקום פורקן דכיון שכונתו אז להתפלל על לומדי תורה ע"כ מחזיק הס"ת בידו ולא לשם שמירה והוי כמו לולב בזמנו וכן מותר להחזיק בשעה שמברכים החודש (משנה ברורה צו: ב).

88 יקום פורקן הוא תפלה על הקהל. ואין בו שינוי מן הראשון אלא שהוא לנוכח מדבר אל הקהל והראשון בנסתר על כל ישראל. והמתפלל בלא מנין לא יאמר יקום פורקן זה ולא מי שברך (סידור אוצר התפלות שנח עמוד ב).

89 (בשמים ראש) אין אומרים יקום פורקן כי אם בשבת ולא ביו"ט ור"ה ויוה"כ אם לא כשחלים בשבת. ואם אחד מתפלל בשבת ביחיד אין לו לומר רק יקום פורקן הראשון (סדור אוצר התפלות, שנז עמוד ב).

90 ארמי. ובצבור מותר אף לשון ארמי. ובזה אתי שפיר מה דאומרים יקום פורקן ובריך שמיה בצבור וכדומה [פמ"ג]. ולפ"ז אם מתפלל בביתו אין יכול לאמר שום יקום פורקן. וכן מוכח באור זרוע הגדול בהלכות שבת סי' נ' (משנה ברורה קא:יט).

מעריב למוצאי שבת

ותלמדנו לעשות בהם

אַתָּה חוֹנֵן לְאָדָם דַּעַת וּמְלַמֵּד לֶאֱנוֹשׁ בִּינָה:

אַתָּה חוֹנַנְתָּנוּ לְמַדַּע תּוֹרָתֶךָ. **וַתְּלַמְּדֵנוּ לַעֲשׂוֹת** חֻקֵּי רְצוֹנֶךָ. וַתַּבְדֵּל יי אֱלֹהֵינוּ בֵּין קֹדֶשׁ לְחֹל בֵּין אוֹר לְחֹשֶׁךְ בֵּין יִשְׂרָאֵל לָעַמִּים בֵּין יוֹם הַשְּׁבִיעִי לְשֵׁשֶׁת יְמֵי הַמַּעֲשֶׂה. אָבִינוּ מַלְכֵּנוּ הָחֵל עָלֵינוּ הַיָּמִים הַבָּאִים לִקְרָאתֵנוּ לְשָׁלוֹם חֲשׂוּכִים מִכָּל חֵטְא וּמְנֻקִּים מִכָּל עָוֹן וּמְדֻבָּקִים בְּיִרְאָתֶךָ: וְ...

חָנֵּנוּ מֵאִתְּךָ חָכְמָה בִּינָה וָדָעַת בָּרוּךְ אַתָּה יי חוֹנֵן הַדָּעַת:

In the *Motza'ei Shabbat* insert for *Ma'ariv*, *Siddur Rav Shabtai Sofer* reads אַתָּה חוֹנַנְתָּנוּ לְמַדַּע תּוֹרָתֶךָ. וַתְּלַמְּדֵנוּ לַעֲשׂוֹת **בהם** חֻקֵּי רְצוֹנֶךָ. Note the additional word בהם which was once common in many *Siddurim*.

Q. Many have pointed out that the word *ba-hem* does not seem to make sense in the context. With this word the sentence reads, 'You have graced us with intelligence to study Your Torah and you have taught us to perform with them the decrees you have willed.' To what does 'with them' refer?

A. *Barukh She-Amar*[91] suggests that we replace the word בהם with the word בה. The sentence then makes sense, 'You have graced us with intelligence to study Your Torah and you have taught us with it (the Torah) to perform the decrees you have willed.'

91 **אתה חוננתנו למדע תורתך ותלמדנו לעשות בהם חקי רצונך**.לא נתבאר על מי ועל מה מוסבת המלה "בהם", כי אם על התורה הי' צריך לומר לעשות בה. והנה בתפלת ותודיענו למוצאי שבת שחל ביו"ט אומרים ותודיענו את משפטי צדקך ותלמדנו לעשות **בהם** חקי רצונך, ושם הלשון "בהם" מכוון היטב, דמוסב על משפטי צדקך, אבל כאן לא יכוון הלשון "בהם", כי לא איירי מקודם על דבר בלשון רבים. וקרוב לומר, דבטעות נשתרבבה המלה משם לכאן, מפני שכלל ענינם אחד, הבדלה בקודש, אבל כאן אין מקום לה, וצריך לומר ותלמדנו לעשות **בה** חקי רצונך, ומוסב על התורה (ברוך שאמר).

מעריב למוצאי שבת

ותלמדנו לעשות בהם (המשך)

Looking at the ArtScroll version as printed above we see that the word **בהם** is gone. According to R. Shamshon Raphael Hirsch,[92] however, the word **בהם** is acceptable and it need not be deleted or changed. He explains that the word **בהם** refers back to **דעת** and **בינה** right before the insert. The sentence would thus read, 'You have graced us with intelligence to study Your Torah and you have taught us to utilize them (i.e., our **דעת** and **בינה**) to perform the decrees you have willed.'

Takeaway: We should be cautious when amending our *Siddur*. What was thought by some to be a corrupted word (in our case, the word *ba-hem*) and removed, was fine as it was.

92 ...והניסוח: "מדע" והשמטת "בהם" הם תקון מיותר... לפי מנהגנו **להוסיף** "אתה חוננתנו" נכונה הנוסחה הראשונה... ולכן יתכן ש"אתה חוננתנו" מתייחס ל"בינה" ו"דעת" האמורים לעיל... (הרש"ר הירש על סידור קצא).

מעריב למוצאי שבת

קידוש לבנה

On what day of the new lunar month does one recite *Kiddush Levanah*, i.e., the blessing over the appearance of the new moon, אשר במאמרו ברא שחקים...?

> **Rambam** rules[93] that upon seeing the new moon one recites *Kiddush Levanah*. If he was not able to recite the blessing on the first night of the new moon he may recite it until the 16th day.
>
> ***Shulḥan Arukh***[94] begins by saying that 'One who sees the renewal of the moon recites the blessing...' but then concludes that we do not recite the blessing until seven days of the new lunar month have passed.
>
> Finally, ***Mishnah Berurah*** rules[95] that one recites it after three full days have passed. He writes, however, that if the third full day ends during midweek it is proper to wait until *Motza'ei Shabbat*. He notes, however, that others say not to wait until *Motza'ei Shabbat*.

Q. What is going on here? How do we get from immediately upon sighting (Rambam), to seven days (*Shulḥan Arukh*), and then back to three days (*Mishnah Berurah*)? Also, *Shulḥan Arukh* appears to be endorsing two views: to recite it when it is seen, and also to do it only after seven days have passed!

---

93 הרואה לבנה בחדושה מברך ברוך אתה יי' אלהינו מלך העולם אשר במאמרו ברא שחקים... (משנה תורה, הלכות ברכות י:טז). אם לא בירך עליה בליל הראשון מברך עליה עד ששה עשר יום בחדש, על שתמלא פגימתה (משנה תורה, הלכות ברכות י:יז).

94 א. הרואה לבנה בחידושה מברך אשר במאמרו ברא שחקים וכו'. ב. איו מברכין על הירח אלא במו"ש כשהוא מבושם ובגדיו נאים.... ג. עד אימתי מברכין עליה עד י"ו מיום המולד ולא י"ו בכלל. אין מברכין עליה עד שיעברו ז' ימים עליה (שלחן ערוך סימן א"ח תכו).

95 ד **עד שיעברו ז'** ורוב האחרונים פליגי ע"ז ולדידהו עכ"פ לאחר ג' ימים מעל"ע מעת המולד שנהנין כבר מאורה יש לברך עליה ואין להחמיץ המצוה אכן אם הג' לחודש הוא באחד מימי השבוע נכון להמתין עד מו"ש הבאה וכפי המבואר בס"ב בהג"ה וכמה אחרונים והגר"א מכללם מקילין אף באופן זה וסברי דאין כדאי להשהות המצוה בכל גווני וע"כ הנוהג כן בודאי יש לו על מי לסמוך ובפרט בימי החורף וגשם בודאי הזריז לקדש הרי זה משובח (משנה ברורה תכו).

מעריב למוצאי שבת

קידוש לבנה (המשך)

A. *Beit Yosef* quotes R. Yosef Gikatilla[96] that based on Kabbalah one does not recite the blessing on the new moon until seven days have passed. Perhaps *Shulḥan Arukh* is telling us that the blessing over the new moon, according to *halakhah*, may be recited as soon as one sees it, but that according to Kabbalah the ideal is to wait until seven days have passed.

Barukh She-Amar,[97] however, sees the seven-day wait before reciting *Kiddush Levanah* as originating from *Mesekhet Sofrim.* Originally, he argues, it read אין מברכין על הירח אלא במוצאי שב'. The last two words should have been expanded to במוצאי שבעה, after seven [days]. Over time, however, במוצאי שב' got expanded incorrectly to במוצאי שבת, at the departure of Sabbath.

Takeaway. *Mesekhet Sofrim* states, איו מברכין על הירח אלא במו"ש כשהוא מבושם ובגדיו נאים.[98] Taz translates כשהוא מבושם as, when it, the moon, 'is sweet.' We do not recite a blessing over the moon until the departure of the Sabbath (i.e., later into the month) when the moon is sweet, and it gives off a significant amount of light. (Others understand the phrase כשהוא מבושם, to mean when he, the person, is satiated and content [from the joy of Sabbath].[99])

96 והר"י גיקטיליא בעל שערי אורה כתב בתשובה שע"פ הקבלה אין לברך על חידוש הלבנ' עד שיעברו עליה ז' ימים (בית יוסף שם).

97 ודבר זה כיוונו לומר במס' סופרים שהבאנו, ורק תחת הכתוב שם לפנינו אין מברכין על הירח אלא במוצאי שבת צריך להיות במוצאי שבעה (שבעה ימים מן המולד) והיה כתוב בתחלה בראשי תיבות במוצאי שב', כאשר כן נהגו הסופרים לפנים לכתוב למען הקיצור, וטעו הסופרים שהיו מעתיקים להם מספרים כתבי יד... וכתבו במוצאי שבת... (ברוך שאמר רצג).

98 ואין מברכין על הירח אלא במוצאי שבת כשהוא מבושם ובכלים נאים (מסכת סופרים כ:א).

99 מבושם - משמחת שבת (הלבוש תכו ד').

מעריב למוצאי שבת

קידוש לבנה (המשך)

Before the advent of electricity and streetlamps, people were dependent on the moon to find their way while traveling at night. When the moon disappeared at the end of the month people were left with no outdoor light. A lunar month has 29½ days. After the 7th day the moon is more than half full, giving off a significant amount of light. After about 15 days into the lunar month the moon is full, giving off its maximum light. When *Mesekhet Sofrim* speaks about reciting the blessing on the new moon when it is מבושם, sweet, it probably means when the moon is giving off enough light to aid the night traveler. It is easy to understand why that sweet spot would start only after about seven days have passed from the beginning of the new lunar month. ☙

מעריב למוצאי שבת

דוד מלך ישראל חי וקים

At the onset of every lunar month, we recite *Kiddush Levanah,* a blessing over the new lunar month, which contains a thrice-repeated phrase, דוד מלך ישראל חי וקים, David, king of Israel lives and exists.

Q. Why do we recite the phrase דוד מלך ישראל חי וקים during *Kiddush Levanah*?

A. The source for this practice is *Rosh Hashanah* 25a[100] which tells of Rebbe (R. Yehudah ha-Nasi) instructing R. Hiya, "Go to Ein Tov,[101] declare the new lunar month and send back a sign, 'David King of Israel lives and exists'."

Why did Rebbe instruct R. Ḥiya to use this specific phrase as a sign? Rashi explains[102] that David is compared to the moon as it says (Psalms 89:37,38)[103] "… his throne, as the sun before Me, as the moon, established forever…" R. Samson Raphael Hirsch elaborates

> And even if Israel's fate seems inconstant, and, like the moon, it seems at times close to the vanishing point, nevertheless, also like the moon, Israel will survive for all time. Even as the moon will remain forever a faithful witness in the clouds, so the Throne of David shall ever be faithful testimony in the skies of the nations. The moon with the changes it undergoes is a dependable time regulator for human activity, and Jewish ideology has instituted it as a witness and messenger, awakener and summoner for all spiritual, moral and social rebirth… Similarly, the Kingship of David shall remain such a witness for the spiritual and moral renascence of all of mankind; indeed, it acts as such even now by virtue of the fact that the awareness of its role has already penetrated the minds of the nations. (R. Hirsch on Psalms, p. 132)

---

100 א"ל רבי לר' חייא זיל לעין טב וקדשיה לירחא ושלח לי סימנא דוד מלך ישראל חי וקים (ראש השנה כה א).

101 זיל לעין טב וקדשיה. שם היו קבועים לקדש את החודש... (תוספות שם).

102 דוד מלך ישראל נמשל כלבנה שנאמר בו (תהלים פט) כסאו כשמש נגדי כירח יכון עולם (רש"י ראש השנה כה א).

103 לז. זרעו לעולם יהיה וכסאו כשמש נגדי. לח. כירח יכון עולם ועד בשחק נאמן סלה (תהלים פט).

דוד מלך ישראל חי וקים (המשך)

Siddur Otzar ha-Tefillot explains[104] that the new lunar month should have been declared in the area of Judea, the traditional seat of the Kingdom of David. At the time of Rebbe, however, it was declared in the Galilee, where Rebbe, a descendant of King David resided. To emphasize that its declaration outside of Judea should not be seen as an affront to the kingship of the house of David, but rather as an honor to the academies then located in the Galilee, we recite דוד מלך ישראל חי וקים.

Siddur Otzar ha-Tefillot also suggests[105] that reciting it reminds us of a tragic point in our history: just as the moon wanes after the 15th of the lunar month, so too the kingdom of David began to disintegrate with its 15th king, Zedekiah.

A popularly known reason[106] for reciting our verse is that both דוד מלך ישראל חי וקים and ראש חודש have a numerical value of 819. (For more information see Nachman Levine, "'David Melech Yisrael Chai VeKayam': Kiddush HaLevanah, Midrash, Archeology and Redemption," *Ḥakirah*, vol. 28. 2020.)

Takeaway. Like the moon, the fate of the Jewish people wanes and waxes. During the Holocaust six million of our people were murdered, including 90 percent of the Jews of pre-war Poland. Our remnants were like dry bones. After the war, however, the State of Israel was reborn, and we are ascendant. There are today over six million Jews in our homeland—may our numbers continue to increase—and the State of Israel is a powerhouse for Jewish studies and theology, technology and science. ☙

104 דוד מלך ישראל חי וקים. כלומר מה שעקרנו קדוש החדשים מיהודה איננו לפי שאוחזו רופריח חלילה במלכות ב"ד, כי מלכותו קיימת לעד, וכמו שאמר לו הקב"ה (תהלים פט, לו) אחת נשבעתי בקדשי אם לדוד אכזב זרעו לעולם יהיה וגו', אלא מפני שאלינו לתת כבוד למרכז תוה"ק הנמצא עכשיו בגליל (סדור אוצר התפילות, עיון תפילה תכז עמוד א).

105 וז"ל המהרש"א בחדא"ג בפרק דיני ממנות מלכות בית דוד דומה ללבנה כמ"ש במדרש רבה שכמו שהלבנה אחר ט"ו יום שנתמלאה תתחיל לחסר כן הי' מלכות בית דוד אחר שהיה מזרעו ט"ו מלכים נחסר המלכות בימי צדקיהו ולא נשאר לו רק ממשלה קצת ר"ג בבבל ונשיא בא"י (עץ יוסף, סדור אוצר התפילות דף תכו עמוד ב).

106 איתא במהרש"א דחמש תיבות אלו דוד מלך ישראל חי וקים בגימטריא ראש חדש. ולכן אומרים אותם כמו שאומרים הללו אל בקדשו וגו' מפני שנרמז בו ג"כ י"ב חדשי השנה (ענף יוסף, סדור אוצר התפילות דף תכו עמוד ב).

הלל

הַלְלוּיָהּ הַלְלוּ (תהלים קיג)

א הַלְלוּיָהּ:
הַלְלוּ עַבְדֵי יי — הַלְלוּ, אֶת-שֵׁם יי
ב יְהִי שֵׁם יי מְבֹרָךְ — מֵעַתָּה, וְעַד-עוֹלָם.
ג מִמִּזְרַח-שֶׁמֶשׁ עַד-מְבוֹאוֹ — מְהֻלָּל, שֵׁם יי
ד רָם עַל-כָּל-גּוֹיִם יי — עַל הַשָּׁמַיִם כְּבוֹדוֹ.
ה מִי, כַּ-יי אֱלֹהֵינוּ — הַמַּגְבִּיהִי לָשָׁבֶת.
ו הַמַּשְׁפִּילִי לִרְאוֹת — בַּשָּׁמַיִם וּבָאָרֶץ.
ז מְקִימִי מֵעָפָר דָּל; — מֵאַשְׁפֹּת, יָרִים אֶבְיוֹן.
ח לְהוֹשִׁיבִי עִם-נְדִיבִים; — עִם, נְדִיבֵי עַמּוֹ.
ט **מוֹשִׁיבִי, עֲקֶרֶת הַבַּיִת** — **אֵם-הַבָּנִים שְׂמֵחָה:**
הַלְלוּ-יָהּ.

Open up a Hebrew-English dictionary and look up the phrase עקרת הבית. Better yet, type the phrase into Google Translate. In both cases you will be informed that עקרת הבית is a 'housewife.' When a speaker at a funeral praises a recently deceased woman—that she had been a great mother, wife or housewife—you may hear him proclaim, 'She was such a great woman; a true עקרת הבית!

In the eight times that Tanakh uses the word עקרה, however, it always means a barren woman. Psalm 113 verse 9 shown above means, 'He sets the childless woman among her household as a happy mother of children.'

Q. How did עקרת הבית morph from a 'barren woman' as used in Tanakh, to an 'exceptional housewife' in current colloquial usage?

הלל

הַלְלוּיָהּ הַלְלוּ (המשך)

A. The shift in meaning stems from a midrashic reinterpretation which sees in the word עקרה the root עיקר, the main. For example, on the phrase in Genesis 29:31, 'but Rachel was barren' *Midrash Tanḥuma*[107] writes, 'From here we see that Rachel is the mainstay of the home.' See also *Rut Rabbah,*[108] *Zohar*[109] and *Malbim.*[110] *Gittin* 52a[111] contains a statement by R. Yosi, "In all my days, I did not call my wife: 'my wife', nor my ox 'my ox.' Rather I called my wife 'my home' and my ox 'my field.' Explaining why R. Yosi referred to his wife as 'my home' Rashi[112] writes, 'for all the needs of the household are fulfilled by her.' And then Rashi adds, והיא עיקר הבית, and she is the mainstay of the home.

---

107 [טו] [דבר אחר: וירא ה׳ כי שנואה לאה], אלא ורחל עקרה. היא היתה עיקר הבית, שלא נשתעבד יעקב אלא בשבילה, שנאמר: "ויעבוד יעקב ברחל" (בראשית כט, כ). מנין שהיא היתה עיקרה של בית? שכן בניה של לאה מודים, בועז וכל סנהדרין שלו מבני יהודה היו, מבני בניה של לאה, ומה כתיב? "ויאמרו כל העם אשר בשער והזקנים עדים יתן ה׳ את האשה הבאה אל ביתך כרחל וכלאה אשר בנו שתיהן את בית ישראל ועשה חיל באפרתה וקרא שם בבית לחם" (רות ד, יא), מכאן שרחל עיקר הבית, שנאמר: ורחל עקרה. אמר ר׳ ברכיה הכהן (בר) [ברבי]: לא היה לה עיקר מיטרין, שנאמר: ורחל עקרה וגו׳. אף על פי כן היא ובניה עיקרן של עולם, שאין מעמיד ישראל בעולם אלא בניה של רחל (מדרש תנחומא).

108 יג. ויאמרו כל העם אשר בשער יתן ה' את האשה הבאה אל ביתך כרחל וכלאה אשר בנו שתיהם את בית ישראל אמר רבי ברכיה רוב מסובין משל לאה, לפיכך הוא עושה את רחל עיקר. אמר רבי אבא בר כהנא: רחל היתה עיקרו שלו, שנאמר: (בראשית כ"ט) ורחל עקרה עיקרה. תני רבי שמעון בר יוחאי: לפי שאמרו דברים כנגד רחל לפיכך נקראו בנים לשמה, דכתיב (ירמיה ל"א) רחל מבכה על בניה. ולא סוף דבר לשמה אלא אפילו לשם בנה, שנאמר: (עמוס ה') אולי יחנן ה' שארית יוסף. ולא סוף דבר לשם בנה אלא אפילו לשם בן בנה, שנאמר: הבן יקיר לי אפרים אם ילד שעשועים (רות רבה ז יג).

109 הוא ולאה, מאי טעמא רחל לא, והא כתיב (בראשית כט לא) ורחל עקרה, דאיהי עיקרא דביתא, אלא לאה זכתה ביה לאפקא שית שבטין, מגזעא קדישא בעלמא יתיר, ובגיני כך אחייהרח זמיה לזוגא במערתא (זהר חלק א דף רכג א).

110 (לא) "וירא ה' כי שנואה לאה". האמהות היו כלם עקרות, כדי שיתפללו עליהן ושתהיה לידתן בדרך נס והשגחה, ואם לא היתה לאה שנואה היתה היא העקרה, אבל ע"י שראה ה' כי שנואה לאה ורחל היא העיקר בעיניו ולא יתפלל על לאה רק על רחל, לכן "פתח את רחמה", ורחל נשארה "עקרה," ועז"א במד' ורחל עקרה, שהיתה עיקרה של בית, ר"ל ע"י שהיתה עיקרה של בית לכן נשארה עקרה (מלבי"ם על בראשית כט לא).

111 דתניא א"ר יוסי מימי לא קריתי לאשתי אשתי ולשורי שורי אלא לאשתי ביתי ולשורי שדי (גיטין נב א).

112 לאשתי ביתי. שכל צרכי הבית על ידה נעשים והיא עיקר הבית וכן שור עיקרו של שדה (רש"י שם).

הלל

הַלְלוּיָהּ הַלְלוּ (המשך)

Takeaway: The meaning of Hebrew words (or words of any language) often change over time for various reasons. In our case the catalyst for change was a midrashic homily. ☙

הלל

מָה-אָשִׁיב (תהלים קטז: יב-יט)

מָה-אָשִׁיב לַ-יי כָּל-תַּגְמוּלוֹהִי עָלָי.
כּוֹס-יְשׁוּעוֹת אֶשָּׂא; וּבְשֵׁם יי אֶקְרָא.
נְדָרַי, לַ-יי אֲשַׁלֵּם; נֶגְדָה-נָּא, לְכָל-עַמּוֹ.
יָקָר, בְּעֵינֵי יי הַמָּוְתָה לַחֲסִידָיו.
אָנָּה יי כִּי-אֲנִי עַבְדֶּךָ:
אֲנִי-עַבְדְּךָ, בֶּן-אֲמָתֶךָ; פִּתַּחְתָּ, לְמוֹסֵרָי.
לְךָ-אֶזְבַּח, זֶבַח תּוֹדָה; וּבְשֵׁם יי אֶקְרָא.
נְדָרַי, לַ-יי אֲשַׁלֵּם; נֶגְדָה-נָּא, לְכָל-עַמּוֹ.
בְּחַצְרוֹת, בֵּית יי בְּתוֹכֵכִי יְרוּשָׁלָםִ:
הַלְלוּ-יָהּ.

The word יקר is usually translated as 'precious'. Indeed *Siddur Avodat Halev* translates the phrase יקר בעיני יי המותה לחסידיו as "Precious in the eyes of the Lord is the death of His pious ones."[113] *Barukh She-Amar*[114] explains that God rejoices when a pure soul is returned to Him; the soul of a person who made it through life unblemished.

Q. Why indeed is the death of a pious person precious to God?

A. ArtScroll translates the word יקר not as 'precious' but as 'difficult.' "Difficult in the eyes of Hashem is the death of His devout ones."[115] Most commentaries indeed translate *yakar* as difficult. Rashi explains,[116] "The Holy One blessed is He has shown me that it is difficult for Him to put his pious to death." *Malbim* similarly explains,[117] "And He works up plans so they do not die, as they praise God when they are alive."

---

113 סידור עבודת הלב, דף תשעא.

114 אך אפשר לומר עפ"י הגמרא במו"ק (כ"ה ב') רוכב ערבות תואר להקב"ה, על שם הלשון רוכב שמים (פ' ברכה ל"ג כ"ו) שש ושמח בבוא אליו נפש נקי וצדיק, וקרוב לזה בכתובות (ק"ד א') בשעה שצדיק נפטר מן העולם יוצאים מלאכי השרת לקראתו ואומרים בוא בשלום (ברוך שאמר שטו).

115 סדור קול יעקב, נוסח אשכנז, דף תרלז.

116 הראנו הקב"ה שדבר קשה וכבד הוא בעיניו להמית את חסידיו (רש"י על תהלים קיז:טו).

117 **יקר**, עתה סיים דבריו מה שהתחיל לא המתים יהללו יה ואנחנו נברך יה, (כי כן גמל ה' עלי שאקרא בשם ה' ואשלם נדרי לו), ולכן **המות שימיתו חסידיו** הוא דבר **יקר בעיני ה'** והוא חושב מחשבות שלא ימותו, אחר שבחיים הם מהללים את ה' (מלבים שם).

מָה-אָשִׁיב (המשך)

Da'at Mikra suggests an alternate understanding, that God loves the pious who died and who will be rewarded in the Next World.[118]

Homiletically our text can be translated, '[I understand that] the death of the pious are precious in the eyes of God, but please God I am but a [lowly] slave, a slave the son of your handmaiden. [Why would you want me?]

Takeaway. Living a pious life, refusing to sin despite all its trials, tribulations and temptations is exceedingly difficult. If we do manage to do so, we become precious in the eyes of God. ☙

118 ...מיתת חסידי ה' הוא עניין יקר וחביב בעיני ה', כלומר: ה' מחבב מאוד את חסידיו שמתו והם יקרים בעיניו, והוא רמז לחיי העולם הבא שנוחלים החסידים שמתו (דעת מקרא שם).

הלל

הַלְלוּ אֶת יי כָּל גּוֹיִם (תהלים קיז)

Praise Hashem, all nations;	א הַלְלוּ אֶת יי כָּל גּוֹיִם;
praise Him, all the states!	שַׁבְּחוּהוּ כָּל הָאֻמִּים.
For his kindness has overwhelmed us,	ב כִּי גָבַר **עָלֵינוּ** חַסְדּוֹ
and the truth of Hashem is eternal,	וֶאֱמֶת יי לְעוֹלָם:
Hallelujah!	הַלְלוּ-יָהּ.

Chapter 117 is the shortest one in Psalms, a mere two verses. Within this short chapter, the same thought is expressed twice in the first verse (see above translation), using different words—a common poetic device found in Psalms.

Q. This text presents a difficulty. Why do we expect all the nations to praise Hashem just because his kindness overwhelmed us? Why would that make the nations want to praise Hashem?

A. Both *Malbim*[119] and R. Samson Raphael Hirsch[120] explain that the word *Aleinu*, us, as used above, does not refer to 'us' the Jewish People, but rather to 'us', the Jewish People and all the nations. *Malbim* elaborates that this chapter of *Tehillim* refers to when the Israelites were redeemed from their exile in Babylonia after being driven there by Nebuchadnezzar. When the Jews were redeemed, so were the captives from other nations.

This chapter of *Tehillim* has a universal message: God's kindness overwhelms all the nations, and His truth endures forever.

---

119 **הללו**, אמר כי ה' מלא בקשתו זאת וישראל נצולו, וגם הגוים כולם שלקחם סנחרב בשבי והביאם לפני ירושלים יהללו את ה' על כי גבר עלינו חסדו, שעי"ז ניצולו גם השבוים ההמה... (מלבים).

120 … the tribes of mankind that dwell over all the earth, held together by similarity of character, are asked to laud the abundance of Divine care and guidance which affords every tribe of mankind the opportunity to develop, grow and prosper in accordance with its own particular needs… For God's loving-kindness has proven to be strong and mighty over us, over Israel and all the nations which Israel addresses here… (רשר"ה על תהלים קיז).

הלל

הַלְלוּ אֶת יי כָּל גּוֹיִם (המשך)

Barukh She-Amar[121] suggests, unconvincingly, that the words הללו את יי כל גוים, שבחוהו כל האומים..., should be read: "Praise Hashem *to* the Nations; Praise Him *to* all the states! For His kindness has overwhelmed us…"

Takeaway: Some Jews focus on Judaism's particularistic aspects, on mitzvot that pertain to Jews alone. Other Jews focus on Judaism's universalistic aspects, ethical imperatives accepted by religions and cultures throughout the world. To be a complete Jew we need to embrace both the particularistic and the universalistic aspects of Judaism, and we need our actions to reflect both types of values. ☙

121 וקרוב לומר, כי גם כאן חסר למ"ד השימוש, ותחת הללו את ה' כל גויים שבחוהו כל האומים צריך להיות הללו את ה' לכל גוים שבחוהו לכל האומים... (ברוך שאמר דף שיח).

מוסף לראש חודש

לטובה ולברכה

אֱלֹהֵינוּ וֵאלֹהֵי אֲבוֹתֵינוּ, חַדֵּשׁ עָלֵינוּ אֶת הַחֹדֶשׁ הַזֶּה **לְטוֹבָה וְלִבְרָכָה, לְשָׂשׂוֹן וּלְשִׂמְחָה, לִישׁוּעָה וּלְנֶחָמָה, לְפַרְנָסָה וּלְכַלְכָּלָה, לְחַיִּים טוֹבִים וּלְשָׁלוֹם, לִמְחִילַת חֵטְא, וְלִסְלִיחַת עָוֹן,** (בשנת העיבור עד ראש חדש ניסן: וּלְכַפָּרַת פָּשַׁע). וִיהִי הַחֹדֶשׁ הַזֶּה סוֹף וָקֵץ לְכָל צָרוֹתֵינוּ, תְּחִלָּה וְרֹאשׁ לְפִדְיוֹן נַפְשֵׁנוּ, כִּי בְעַמְּךָ יִשְׂרָאֵל בָּחַרְתָּ מִכָּל הָאֻמּוֹת, וְחֻקֵּי רָאשֵׁי חֳדָשִׁים לָהֶם קָבָעְתָּ: בָּרוּךְ אַתָּה יי מְקַדֵּשׁ יִשְׂרָאֵל וְרָאשֵׁי חֳדָשִׁים:

Siddur Otzar Ha-Tefillot[122] and *Siddur Tzlota d-Avraham*[123] say that this paragraph recited during *Musaf* on *Rosh Hodesh* contains twelve blessings for the new month corresponding to the twelve lunar months of the year:

א. לְטוֹבָה
ב. וְלִבְרָכָה
ג. לְשָׂשׂוֹן
ד. וּלְשִׂמְחָה
ה. לִישׁוּעָה
ו. וּלְנֶחָמָה
ז. לְפַרְנָסָה
ח. וּלְכַלְכָּלָה

122 **ולכפרת פשע.** כתב הא"ר "ביש נוסחאות כתב בשנת העבור ולכפרת פשע. ואני לא מצאתי נוסחא זו באבודרהם ובשום מקום." ולנוסחא זו ראוי לאמרו בכל חדשי אותה שנה כמו שאומרים י"ב לשונות הנ"ל בכל חודש. וכן משמע לישנא דנוסחא בשנת עיבור ולא נקט בחודש עיבור עכ"ל. אמנם נהגו לאמרו רק עד חודש העיבור. והטעם כתב הגאון מהרי"ב לפי שהוספה זו נגד חודש הי"ג כמ"ש הא"ר וכדי שיבינו שהשנה מעוברת אומרים זה. אך אחר אדר שני אין תועלת בהודעה זו (סדור אוצר התפלות, ענף יוסף).

123 **או"א** חדש עלינו את החודש הזה. עפ"י רע"ג ואבודרהם בשינויים של חסר ויתיר. ברמב"ם - "יהר"מ ה' או"א שתחדש עלינו את יום ראש חודש הזה". במח"ו – או"א חדש עלינו את יום ראש חודש הזה". בעל שב"ל מביא שניהם, ולכפרת פשע, על הוספה זו שאנו מוסיפין בשנת העבור, כותב בעל אליהו רבה (בסי' תקג) "ביש נוסחאות כתוב בשנת עבור ולכפרת פשע ואני לא מצאתי נוסחא זו באבודרהם ובשום מקום". ברם אנו זכינו לגילוי סידור רב עמרם גאון, ושם גירסא זו כן מצויה, ובשינויי נוסחאות שם "ולכפרת עוון", אלא שלא צויין והודגש שהיא נאמרת רק בשנת העבור, ומסיים בא"ר – "ולנוסחא זו ראוי לאמרה בכל חדשי אותה שנה (כלומר – במשך יב חדש) כמו שאומרים יב לשונות בכל חודש, וכן משמע לשנה דנוסחא בשנת עבור ולא נקט בחודש עבור". אבל מנהג העולם לאמרה רק עד עצם חודש העיבור, והגאון מהרי"ב מנמק את המנהג הזה, לפי שההוספה בעצם באה בגלל החודש הנוסף, כמו שכתב בעל א"ר, וכדי שיבחינו שהשנה היא מעוברת, הסיפו הגדרה זו, אבל אחרי אדר שני "כבר אין תועלת בה". וראה מש"כ מהר"ם שיק, תשובה קפד ופרמ"ג לשו"ע שם, בסי' טיהינגן משנת שך הוספה זו כבר ישנה, וכן מביאה (לפי עדותו בעל עבודת ישראל) המפרש להמחזור דפוס ויניציא משנת שס, הכותב – "אני שמעתי לשנת העבור שאומרים ולכפרת פשע וכך נוהגין בורנקפורט", וראה ספר יוסף אומץ סי' תרצא (סדור צלותא דאברהם תמד).

לטובה ולברכה (המשך)

ט. לְחַיִּים טוֹבִים
י. וּלְשָׁלוֹם
יא. לִמְחִילַת חֵטְא
יב. וְלִסְלִיחַת עָוֹן

When the year has an extra lunar month, Adar II, we add an additional blessing וּלְכַפָּרַת פֶּשַׁע from the beginning of the year up to and including the month of Adar II. This reinforces in everyone's mind that the year contains an extra month.

Takeaway: The lunar month and the lunar calendar lay out for us our yearly cycle of rituals and holidays, and each lunar month brings with it its own unique blessing. While the lunar month begins with the moon hardly visible, some of our main festivals, such as Pesaḥ and Succot begin only when the moon is full and bright, shining and showing us the way. ☙

פסח

הפטרה לשבת חול המועד

א: הָיְתָה עָלַי יַד יי וַיּוֹצִאֵנִי בְרוּחַ יי וַיְנִיחֵנִי בְּתוֹךְ הַבִּקְעָה וְהִיא מְלֵאָה עֲצָמוֹת. ב: וְהֶעֱבִירַנִי
עֲלֵיהֶם סָבִיב סָבִיב וְהִנֵּה רַבּוֹת מְאֹד עַל פְּנֵי הַבִּקְעָה וְהִנֵּה יְבֵשׁוֹת מְאֹד. ג: וַיֹּאמֶר אֵלַי בֶּן-
אָדָם הֲתִחְיֶינָה הָעֲצָמוֹת הָאֵלֶּה וָאֹמַר אֲדֹנָי ה' אַתָּה יָדָעְתָּ. ד: וַיֹּאמֶר אֵלַי הִנָּבֵא עַל הָעֲצָמוֹת
הָאֵלֶּה וְאָמַרְתָּ אֲלֵיהֶם הָעֲצָמוֹת הַיְבֵשׁוֹת שִׁמְעוּ דְּבַר יי. ה: כֹּה אָמַר אֲדֹנָי ה' לָעֲצָמוֹת הָאֵלֶּה:
הִנֵּה אֲנִי מֵבִיא בָכֶם רוּחַ וִחְיִיתֶם. ו: וְנָתַתִּי עֲלֵיכֶם גִּידִים וְהַעֲלֵתִי עֲלֵיכֶם בָּשָׂר וְקָרַמְתִּי
עֲלֵיכֶם עוֹר וְנָתַתִּי בָכֶם רוּחַ וִחְיִיתֶם וִידַעְתֶּם כִּי אֲנִי יי. ז: וְנִבֵּאתִי כַּאֲשֶׁר צֻוֵּיתִי וַיְהִי קוֹל
כְּהִנָּבְאִי וְהִנֵּה רַעַשׁ וַתִּקְרְבוּ עֲצָמוֹת עֶצֶם אֶל עַצְמוֹ. ח: וְרָאִיתִי וְהִנֵּה עֲלֵיהֶם גִּדִים וּבָשָׂר
עָלָה וַיִּקְרַם עֲלֵיהֶם עוֹר מִלְמָעְלָה וְרוּחַ אֵין בָּהֶם. ט: וַיֹּאמֶר אֵלַי הִנָּבֵא אֶל הָרוּחַ הִנָּבֵא בֶן-
אָדָם וְאָמַרְתָּ אֶל הָרוּחַ כֹּה אָמַר אֲדֹנָי ה' מֵאַרְבַּע רוּחוֹת בֹּאִי הָרוּחַ וּפְחִי בַּהֲרוּגִים הָאֵלֶּה
וְיִחְיוּ. י: וְהִנַּבֵּאתִי כַּאֲשֶׁר צִוָּנִי וַתָּבוֹא בָהֶם הָרוּחַ וַיִּחְיוּ וַיַּעַמְדוּ עַל רַגְלֵיהֶם חַיִל גָּדוֹל מְאֹד
מְאֹד. יא: **וַיֹּאמֶר אֵלַי בֶּן-אָדָם הָעֲצָמוֹת הָאֵלֶּה כָּל בֵּית יִשְׂרָאֵל הֵמָּה הִנֵּה אֹמְרִים יָבְשׁוּ**
עַצְמוֹתֵינוּ וְאָבְדָה תִקְוָתֵנוּ נִגְזַרְנוּ לָנוּ. יב: **לָכֵן הִנָּבֵא וְאָמַרְתָּ אֲלֵיהֶם כֹּה אָמַר אֲדֹנָי ה'**
הִנֵּה אֲנִי פֹתֵחַ אֶת קִבְרוֹתֵיכֶם וְהַעֲלֵיתִי אֶתְכֶם מִקִּבְרוֹתֵיכֶם עַמִּי וְהֵבֵאתִי אֶתְכֶם אֶל
אַדְמַת יִשְׂרָאֵל. יג: וִידַעְתֶּם כִּי אֲנִי יי בְּפִתְחִי אֶת קִבְרוֹתֵיכֶם וּבְהַעֲלוֹתִי אֶתְכֶם מִקִּבְרוֹתֵיכֶם
עַמִּי. יד: וְנָתַתִּי רוּחִי בָכֶם וִחְיִיתֶם וְהִנַּחְתִּי אֶתְכֶם עַל אַדְמַתְכֶם וִידַעְתֶּם כִּי אֲנִי יי דִּבַּרְתִּי
וְעָשִׂיתִי נְאֻם יי. (יחזקאל לז:א-יד)

Ezekiel, a Kohen, prophesied toward the end of the First Temple and after its destruction for a period totaling about twenty-five years. The above prophecy appears to have occurred while the Jewish People were in exile in Babylonia after the destruction of the Temple.

Ezekiel is well-known for two prophecies: that of Ezekiel chapter 1 which describes the Heavenly abode; and the above Dry Bones prophecy. While the former prophecy has left people scratching their head, wondering about the very vivid and physical description of a transcendent God and His abode; the latter prophecy has filled the Holocaust-surviving generation with wonder and hope: the same God who tolerated the Holocaust also saw fit to allow the Jewish People to return to their Promised Land.

The above prophecy is constructed of two parts. Verses 1–10 is a vision of dry bones that return to life. Verses 11 and 12 interpret the vision: The Jewish nation which had been murdered, exiled and left for dead will be brought back to life in the Land of Israel:

פסח

הפטרה לשבת חול המועד (המשך)

> And He said to me, "O mortal, these bones are the whole House of Israel. They say 'Our bones are dried up. Our hope is gone; we are doomed.' Prophesy, therefore, and say to them: Thus said the Lord God: I am going to open your grave and lift you out of the graves, O My people, and bring you to the Land of Israel…". (Ezekiel 37: 11,12)

Various interpretations of this prophecy can be found in the Gemara (*Sanhedrin* 92b). Some understand the rebirth of the dry bones literally, while R. Yehudah understands it figuratively.

Takeaway. The Dry Bones prophecy has been lovingly implanted into the hearts and minds of the Holocaust-surviving generation which lived to see the creation of the State of Israel and the rebirth of the Jewish People in its homeland. During their life, the people of this generation witnessed the very worst of Jewish history, but they also witnessed the inception of one of its most glorious periods.

The State of Israel's national anthem, *Ha-Tikvah*, *The Hope*, reflects the sentiment of Ezekiel's Dry Bones prophecy. The phrase **עוד לא אבדה** תקוותנו from *Ha-Tikvah,* that we have still not lost hope, refers to and denies the false assertion of those who proclaim, **יבושו עצמותינו ואבדה** תקותנו, our bones are dry and our hope is lost.

May the State of Israel continue to prosper. May it be a refuge for all Jews, and may it be a light unto the nations of the world. ☙

שבועות

זמן מתן תורתנו

In the *Amidah* for *Shavuot* we refer to the holiday as זמן מתן תורתנו, the time our Torah was given. The Gemara in *Shabbat* also provides other information about when the Torah was given:

The Gemara in Shabbos	**מסכת שבת**
The Jews left Egypt on a Thursday	ואותו היום חמישי בשבת היה (פז:ב)
The Torah was given on Sabbath	ולכולי עלמא בשבת ניתנה תורה (פו:ב)
The month of Nisan has 30 days	השלים ניסן (פז:ב)
The month of Iyar has 29 days	חסר אייר (פז:ב)

Let us now lay the above information onto a calendar:

Sun	Mon	Tue	Wed	Thu	Fri	Sabbath
				טו ניסן	טז ניסן	יז ניסן
יח ניסן	יט ניסן	כ ניסן	כא ניסן	כב ניסן	כג ניסן	כד ניסן
כה ניסן	כו ניסן	כז ניסן	כח ניסן	כט ניסן	ל ניסן	א אייר
ב אייר	ג אייר	ד אייר	ה אייר	ו אייר	ז אייר	ח אייר
ט אייר	י אייר	יא אייר	יב אייר	יג אייר	יד אייר	טו אייר
טז אייר	יז אייר	יח אייר	יט אייר	כ אייר	כא אייר	כב אייר
כג אייר	כד אייר	כה אייר	כו אייר	כז אייר	כח אייר	כט אייר
א סיון	ב סיון	ג סיון	ד סיון	ה סיון	ו סיון	ז סיון

The holiday of *Shavuot* is on the sixth day of the month Sivan, but the sixth day of Sivan falls on Friday, not on the Sabbath as the Gemara (*Shabbat* 86b) tells us. How is this possible? See *Sefer Ner Le-Meiah* on *Shavuot* by my father זצ"ל for a hundred discussions on this topic.[124]

124 ובמ"א שם, קשה לי איך אנו אומרים בשבועות יום מתן תורתינו הלא קיי"ל דבעי לפרושי ששה עונות כמש"כ ביו"ד סימן קצ"ד ולדידן לעולם שבועות בששה בסיון ובאמת הרמב"ם פ"ה מאבות הטומאה פסק דא"צ לפרוש רק ג' עונות וכתב הכ"מ דגירסת הרמב"ם ורשב"א דחכמים ס"ל ג' עונות ופסק כוותיהו ע"ש וא"כ מנהגינו הוא ע"פ הרמב"ם ומש"כ ביו"ד כרבי יוסי היינו לחומרא ומה שקשה עוד דהתורה נתנה בשבת ביום נ"א לספירה דהא יצאו ממצרים ביום ה' והתורה נתנה בשבת כבר תירץ הע"מ דבא לרמז יו"ט שני של גליות ואפשר היינו דקאמר יום אחד הוסיף משה מדעתו עכ"ל (ר' ירחמיאל זעלצער, ספר נר למאה על עניני חג השבועות, דף כא, סימן א).

Additional Reading

For additional information on some of the topics discussed herein see the following articles available at www.Hakirah.org:

Epstein, Menachem. "Has Tekhelet Been Found?" *Ḥakirah,* vol. 3, 2006.

Levine, Nachman. "'David Melech Yisrael Chai VeKayam': Kiddush HaLevanah, Midrash, Archeology and Redemption." *Ḥakirah,* vol. 28, 2020.

Sonnenschein, Aaron. "B'rich Sh'meih in the Siddur HaSh'loh, *Ḥakirah,* vol. 1, 2004.

Zelcer, Heshey. "Abbaye's Statement? Establishing the Proper Text and Context." *Ḥakirah,* vol. 13, 2012.

Zelcer, Heshey. "Shemoneh Esreh in Eretz Yisrael ca. 220–250 CE," *Ḥakirah,* vol. 14, 2012.

Zelcer, Heshey. "Kaddish de-Sidra: Virtual Kaddish Embedded in Our Daily Prayers." *Ḥakirah,* vol. 26, 2019.

Bibliography

This work is a supercommentary on:

ברוך שאמר, תפלות השנה, ברוך הלוי עפשטיין מפינסק, הוצאת עם עולם בע"ם, תל-אביב תשל"ט.

Siddurim consulted include:

סדור אוצר התפילות, נוסח אשכנז, עם שני סדורים כתבי יד ערוגת הבושם וראשי בשמים יכילו עץ יוסף וענף יוסף, ועם סדור כתב יד עבודת הלב יכיל עיון תפלה ותקון תפלה, שני חלקים, נדפס מחדש, בני-ברק.

סדור מה"ר שבתי סופר ב"ר יצחק מפרעמישלא, תלמוד הלבוש, יוצא לאור ע"פ כ"י בית דין בלונדון ע"י הרב יצחק סץ, הרב דוד יצחקי והרב דוד סלמון, ישיבת נר ישראל, בלטימור מד. ארה"ב, שנת ה' תשס"ג.

סידור עבודת הלב, נוסח אשכנז, התאחדות הרבנים דארה"ב, הוצאת קורן, ירושלים, תשס"ח.

סדור תפלה **צלותא דאברהם** על פי נוסח וסדר שהתפלל אדוננו מורנו ורבנו, הגאון הקדוש, שר התורה, גאון הגאונים, רבנו אברהם זצוק"ל לנדא אבדק"ק טשעכאנאוו, פולין, מבורר ע"פ ההלכה והקבלה ע"י נכדו ותלמידו הגאון הגדול והצדיק המפורסם רבי מנחם מנדל חיים זצ"ל לנדא, אבדק"ק זאויערציה, פולין ונקרא שמו שומע תפלה המתפרד לשני חלקים עמק ברכה וויעש אברהם, ועליהם נלוה שירותא דצלותא מאת יעקב בכ"ר ישראל חנוך ז"ל ורדיגר, שני חלקים, תל-אביב, תשי"ח.

סדור קול יעקב, נוסח אשכנז, ארטסקרול-מסורה, ברוקלין, נוא יארק, תשמ"ז.

סידור קורן, הוצאת קורן, ירושלים, תשס"ט.

סידור תפילות ישראל, נוסח אשכנז, עם פירוש הגאון הרב שמשון רפאל הירש זצ"ל, הוצאת מוסד הרב קוק, ירושלים, תשנ"ב.

סידור תפלת שלמה השלם, נוסח ספרד, הוצאת ארטסקרול-מסורה, ברוקלין, נוא יארק, תשנ"ב.

Made in the USA
Monee, IL
22 October 2020